"地铁式"执行力系统

周武 著

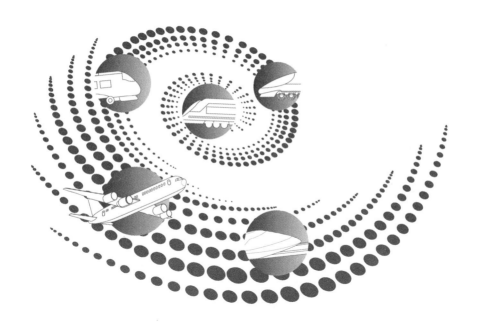

吉林科学技术出版社

图书在版编目（CIP）数据

"地铁式"执行力系统 / 周武著 . -- 长春：吉林
科学技术出版社，2021.7
ISBN 978-7-5578-8180-1

Ⅰ.①地⋯　Ⅱ.①周⋯　Ⅲ.①企业管理　Ⅳ.
① F272

中国版本图书馆 CIP 数据核字（2021）第 106651 号

"地铁式"执行力系统
DITIESHI ZHIXINGLI XITONG

著　　者：周　武
责任编辑：李红梅
封面设计：武　艺
开　　本：170mm×240mm　1/16
字　　数：205 千字
印　　张：19.75
版　　次：2022 年 1 月第 1 版
印　　次：2022 年 1 月第 1 次印刷

出　　版：吉林科学技术出版社有限责任公司
发　　行：吉林科学技术出版社有限责任公司
地　　址：长春市福祉大路 5788 号出版大厦 A 座
邮　　编：130118
发行部电话 / 传真：0431-81629529　81629530　81629531
　　　　　　　　　　81629532　81629533　81629534
储运部电话：0431-86059116
编辑部电话：0431-86037574
网　　址：www.jlstp.net
印　　刷：天津雅泽印刷有限公司

书　　号：ISBN 978-7-5578-8180-1
定　　价：70.00 元

推荐序 1

世上万物，有一种状态谓之混沌，无序而混乱，呈现多元价值可能。而我们组织起各类要素，导向一种特定价值，就必须重建一种结构，赋予一种秩序，才能成为价值创造的"生命体"。

企业就是一个创造价值的生命体。

在企业发展和管理过程中：人、事、制度、流程、惩罚、奖励、抱怨、牢骚、正能量、负能量、闲、忙、冤枉、诉讼、官司、积极、消极、懒、勤奋、敬业、文化、信念、价值观……林林总总！混杂一起，可为软，可为柔，可为无序，可为无形，可为迷雾，可为混沌。如何将混沌、无序转化为有秩序、有阶梯、有目标、有行动、有评价、有成果、有价值、必须要有方法。

本书作者周武，是我多年的朋友和同事。认真踏实勤勉，善于研究总结。从事企业管理咨询工作 25 年，从培训到咨询，从咨询到托管，服务于大型国有企业、民营企业、合资企业等百余家，不断思索，总结提炼，为大家贡献了具有独特创造性的企业发展"龙骨"和"内核"！

他发现所有做不好的企业，管理上的通病："进步无阶梯，努力无尽头，累死在路上"！

他找到了企业解决管理问题的方法："进步有阶梯，努力有劲头，幸福在路上"。

"12门功课管理生产线"框架就是龙骨。

《"地铁式"执行力系统》就是为解决企业经营和管理问题的阶梯和内核。

执行力是"软"的，赋予阶梯并累积成大厦，变成落地可操作，进步速度大大提升。

能力是"软"的，赋予阶梯并累积成大厦，变成落地可操作，进步速度大大提升。

学习是"软"的，赋予阶梯并累积成大厦，变成落地可操作，进步速度大大提升。

信用是"软"的，赋予阶梯并累积成大厦，变成落地可操作，发展速度会大大提升。

财富是"软"的，赋予阶梯并累积成大厦，变成落地可操作，发展速度会大大提升。

有了龙骨、有了依附、有了内核，聚焦执行力进步阶梯，水到渠成，"地铁"引擎换挡至"动车"引擎，"动车"引擎换挡至"高铁"引擎，"高铁"引擎换挡至"飞机"引擎，"飞机"引擎换挡至"飞铁"引擎五次换挡成为可能！

本书创新观点，创新构架，创新诸多亮点！

本书作者周武也曾经是普普通通的北漂一族，他的25年企业管理实践经历，恰逢中国改革开放发展最快的30年，借力盛世，成就吾辈。这本书既是作者的工作成果，更是他人生冷暖的深刻体会与感悟。

宝剑锋从磨砺出，梅花香自苦寒来。

尊其行，佩其为，慰其成，享其果。特邀众，共励共勉。

谨为序。

彭勇于北京秋天

2021 年 8 月 10 日

推荐序 2
为《"地铁式"执行力系统》点赞

当下正处在 VUCA 时代。

它的易变性、不确定性、复杂性和模糊性常常给人们带来焦虑，给决策和执行带来巨大的"选择性"成本。

如何"化繁为简"，甚至"以不变应万变"，成为人们不懈追求的目标之一。

由于工作性质的缘故，我本人平时出差的频率很高。一年中有一半多时间要么在出差，要么在出差的路上。每次坐飞机或者高铁出行，尤其在时间紧迫的时候，多是选择坐地铁赶路。之所以信任"地铁"，主要是因为大多数城市的地面交通都有"VUCA"性，其拥堵造成的不确定引发担心，让我对公交、大巴和出租车等出行方式心里不托底。反倒是地铁出行，经过的车站数量、停站的时间、出发的时刻非常确定，偶有变化，一般也就影响几分钟，总能按照计划到达目的地。这用北京的土话叫"靠谱"，这是解决 VUCA 焦虑的"良药"。

其实，在工作中，企业的老总们追求公司发展的高效率，也需要这种"靠谱"的踏实感。当管理高层确定了发展愿景和组织战略，找到了达成目标的高效方法和流程。在员工共识的基础上，就能建立一种"自下而上"的执行力。这种执行力经过千百次重复，将形成牢固的组织习惯，把"以十当一"的个体能力转化为"以一当十"的强大组织核心竞争力。随着组织习惯了快速运转，能量持续放大，这个组织最终会成为难以超越的卓越组织。这种高效的执行力，就被称为"地铁式"执行力系统。

本书作者周武先生对"地铁式"执行力系统的研究历经数年的深度思考与实践，亲手打磨企业管理方面的心得，并成就了数十家企业而形成了这份"知行合一"的智慧结晶。

本书中，周武先生用大量翔实的案例阐述了"地铁式"执行力系统＝结构总图＋进步阶梯＋赏识机制＝累积执行力大厦＝执行力驱动模型＝企业管理机制内核＝企业机制龙骨，这一具有极强操作性、实效性和系统性的企业发展全案解决思路。生动描述了"地铁式"执行力系统在驱动员工把工作从优秀做到卓越的过程中，员工是如何因经常得到来自上级、企业乃至老板的赞美和赏识，从而激发工作热情，愿意为企业操心，愿意加班加点，愿意敬业，甚至愿意为企业"卖命"的心路历程。

已经有大量实体企业在周武先生创立的"地铁式"执行力系统引导下从平凡走向优秀，从优秀跨向了卓越，也深盼有更多的老总们在与周武先生的合作中，摆脱成长烦恼，让企业战略落地，文化生根，也让员工进步有阶梯，努力有劲头，幸福在路上。

1859 年，一位名叫达尔文的生物学家说："在丛林里，最终能存活下来的，往往不是最高大、最强壮的，而是对变化能做出最快反应的物种。”这种最快的反应，可以理解为是一种顺应时代发展方向，把不确定性转化为确定性的过程。在这方面，周武先生进行了有益的探索。

最后，让我们以一句话共勉：你是你的机会，你也是你的"瓶颈"。你是你的问题，你也是你的解决之道。在选定的道路上开始奔跑时，目标的单一与纯粹带给人的执着感，是治疗焦虑的良药。

是为序。

白三庆

写在 2021 年 3 月春日

目　录
CONTENTS

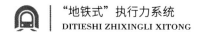
最新要求，是一种动态的与时俱进的履职系统。

020 第五个管理视角：

"地铁式"执行力系统是一套绩效管理改进系统，是原有绩效辅导系统的一种改进和补充。

024 第六个管理视角：

"地铁式"执行力系统是一套人才成长培养系统，是原有培训系统的具体落实和补充。

026 第七个管理视角：

"地铁式"执行力系统是一套培训需求的自动识别系统，更是培训效果有效跟踪的神器，是原有培训系统的具体落实和补充！

029 第八个管理视角：

"地铁式"执行力系统是一套吸引人才加盟的好机制，是对原有招聘系统的完善和补充。

031 第九个管理视角：

"地铁式"执行力系统是一套执行力评价系统，是对原有执行力系统的完善和补充。

033 第十个管理视角：

"地铁式"执行力系统是一套更好的留人系统，是对原有留人系统的有益补充。

035 第十一个管理视角：

"地铁式"执行力系统是一套更好的细节操作机制，是对原有细节决定成败理念落地的有益补充。

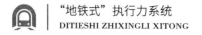
调整的重要参考依据。

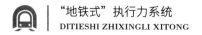

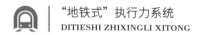

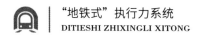

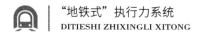
过来，公司业绩会翻番！

挖一锹换一个地方了。

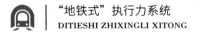
231　　第四十五个主张：

　　　　培训、咨询加托管才能真正对提高企业执行力起
　　　　到有效作用。

233　　第四十六个主张：

　　　　团队成员共同遵守一个好习惯，会让团队凝聚力
　　　　倍增。

235　　第四十七个主张：

　　　　企业盈利状况足够好时，要多积累抗风险能力，
　　　　多回馈共过命的员工和亲朋好友，然后考虑开分
　　　　公司或连锁店，或上更多设备。

237　　第四十八个主张：

　　　　主管每天及时肯定工作，所有的员工都不用再干
　　　　面子活了！

239　　第四十九个主张：

　　　　主管评价的深度，决定了员工工作细节的细致程
　　　　度。

242　　第五十个主张：

　　　　主管的评价强度，决定了员工强大的速度。

244　　第五十一个主张：

　　　　企业文化要有一个内核！这个内核就是文化的
　　　　根。在内核上开出五颜六色的花朵，企业才能焕
　　　　发勃勃生机。

246　　第五十二个主张：

　　　　企业应该赋予员工生活和生命意义的主要内涵，

因为员工每天的 8 小时时间都给了企业。

引 言

"地铁式"执行力系统定义

简单解释，"地铁式"执行力系统就是有别于"公交车"。公交车有两个特点：第一，在哪里塞车不知道。第二，塞多久也是未知数。而地铁的特点是："一站是一站"，从来不塞车，时间有保障！也因此，老百姓赶火车、赶飞机或参加重要约会等有时间要求的都选择乘坐地铁，是因为时间有保证。而作为企业执行力也像地铁一样："一站是一站"，不"塞车"，不"内耗"，不"内讧"，不"掣肘"，不"拖延"，没有"赘肉"等，那么企业的执行效率就会大大提高。

后来更多管理实践发现，驱动"地铁式"执行力系统，不仅能提高执行力和效率，还能提高企业的凝聚力、向心力和战斗力。还能大大提高员工绩效，还能让员工和部门提前完成目标。同时还改善了员工人际关系，改善了公司文化氛围等，最终实现战略落地，文化生根，解放总经理工程！

随着企业管理方面的实践越来越多，渐渐地我越来越感觉这种实践有一定的独特性，特别是在参加了2013年"我是好讲师”大赛后，我就开始不断记录、不断完善实践体会。到今天为止，8 年多时间，我已经写了有 50 多万字！但我发现，这 50 万字好像刚刚开了个头，越深挖，越有价值，甘泉越甜！

直到我们一家三口到湖南凤凰古城旅游，在那里我了解了提名三次诺贝尔文学奖的文学巨匠沈从文先生的生平事迹，给了我很大启发。他一生写了八十几本著作，500 多万字！在中国近代文学史上举足轻重。效仿名人励志，我也制订了一个新的人生著书计划：到 55 岁，共计写 550 万字，每本书 10 万字，共计 55 本书，应该能把《“地铁式”执行力系统》理论体系讲得更透彻一些了！到时一并出版。作为一个普通中国男人，“立家”“立业”较容易，但“立字”较难。在此，我能把一个实践体会说清楚，一生也算值得了。

但是，后来细想，等我 55 岁完成了 55 本书时，很多观点已经过时了，不能与时俱进，对读者和管理者已经没有借鉴意义了，或价值已经缩小到几分之一了。与其那样，还不如从现在就开始写微博，与时俱进，让看到的读者哪怕有一人受益，对企业成长有帮助，对管理者提升执行力有帮助，我就没白写！

于是，从 2019 年 10 月 8 日起，我开始写第一篇微博，每天一篇文章，坚持到 55 岁，争取刚好 550 万字，完成一生夙愿。这样做的好处是，直接接受广大读者的建议，理论成熟得会更快一些。

另外，每天一篇文章，就是一个进步阶梯，也是践行“地铁式”执行力系统管理理念——进步有阶梯，努力有劲头，幸福在路上的具体体现！一篇微博 1000 字左右，计一层楼，一本书是 10 万字，也就是 100 层楼，55 本书合计就是 55 栋 100 层楼，这是一个比较大的工程，而这样比喻一下，就很形象了！中途不管多难，我为了这个系统工程不间断，都要坚持下去，这就是利用"地铁式"执行力系统解释了"一件大事、一个大工程跨时间太长，而不能持续执行到位的问题"，这件事本身就是一个典型案例，为这个理念提供有力佐证。我在这个过程中直接接受广大读者的监督，也就是解决了我们通常说的"出发太久了，连为什么出发都忘了"的问题，以"不忘初心，牢记使命"鞭策自己，就始终能够测量，不会迷失方向！让这 55 本书执行得更有质量！

用"地铁式"执行力系统语言解读管理学泰斗德鲁克语录

> 管理好的企业，总是单调无味，没有任何激动人心的事件。那是因为凡是可能发生的危机早已被预见，并将它们转化为例行作业了。
>
> ——《卓有成效的管理者》作者 德鲁克

说得没错，其实管理实践到今天，这句话，我们可以改写了。管理工作做得好的企业，完全可以做到每一天都过得丰富多彩！歌声、笑声和掌声，激动人心的场面迭出！这是完全可以做到的。这也要看我们的出发点是否以人为本。因为优秀甚至卓越的例行作业都是操作者和管理者做出来的，为什么不可以在他们进步的每一个台阶上给予一些赞美和掌声呢！这完全取决于我们的设计！

"地铁式"执行力系统就是这样的一个系统——他在驱动员工把工作从优秀做到卓越的过程中，员工就可以经常得到来自上级乃至老板的赞美和赏识！这些荣誉会激发员工工作的激情！

可以写成这样的公式：

"地铁式"执行力系统＝结构总图＋进步阶梯＋赏识机制＝累积执行力大厦＝执行力驱动模型＝企业管理机制内核＝企业机制"龙骨"。

"地铁式"执行力系统，写成公式就是"地铁式"执行力结构总图加进步阶梯加赏识机制累积构成执行力大厦。它既是企业管理机制内核，也是企业机制"龙骨"。累积的大厦每一个进步阶梯都需要及时地给予员工承认和赏识。这个进步阶梯的驱动过程即是对员工工作不断向专业化、职业化驱动的进步方向。通过给员工及时承认和赏识，使员工有成就感和荣誉感，从而产生更大的积极性。进步阶梯实质是解决员工持续动力问题，驱动员工从优秀执行力跨越到卓越执行力的进步过程，使其实现优秀绩效到卓越绩效，进而推动企业迈向成功的机制系统。

"地铁式"执行力系统总图，略。

"地铁式"执行力系统要为中国人一生建设五座大厦：

第一座大厦：执行力大厦——人的一辈子能力到底能有多

大，用一个大厦来表达！

第二座大厦：人品大厦——人的品德到底有多高，用一个大厦来表达！

第三座大厦：职业生涯大厦——一个人的职务到底能升多高，用一个大厦来表达！

第四座大厦：信用大厦——一个人的信用到底有多好，用一个大厦来表达！

第五座大厦：财富大厦——一个人一生到底能积累多少财富，用一个大厦来表达！

PART 1

第一部分

五十五个管理视角

第一个管理视角：

"地铁式"执行力系统是一套驱动梦想、驱动使命、驱动愿景的动力驱动工具。

"地铁式"执行力系统到底是一个什么样的系统，陆续分为五十五个管理视角来剖析。

在这里，我引用导师白三庆先生讲过的一段话："'地铁式'执行力系统蕴含梦想，照亮梦想。梦想是石，它敲出希望之火；梦想是火，它点燃生命之灯；梦想是灯，它照亮前行之路；梦想是路，它引领我们走向灿烂的明天。"

这样一段有哲理的表述，把他蕴藏在持续进步阶梯机制里面。持续驱动进步阶梯，不断完成小目标，若干小目标累积成大目标，若干个大目标累积成梦想。完成目标，实现梦想，驱动使命，使整个团队众志成城地向着美好的愿景前进！这里简单表述，后面案例详尽量化、图形化描述。

"地铁式"执行力系统帮助员工建立了五个方面的梦想。

第一，帮助员工实现执行力大厦梦想，为员工建立执行力大厦。

第二，帮助员工实现人品大厦梦想，为员工建立人品大厦。

第三，帮助员工实现职业生涯大厦梦想，为员工建立职业生涯大厦。

第四，帮助员工实现信用大厦梦想，为员工建立信用大厦。

第五，帮助员工实现财富大厦梦想，为员工建立财富大厦。

"地铁式"执行力系统将为您建立新的梦想系统！

未来的人们不仅拥有职业生涯系统，如"长大了我想当科学家"，"长大了我想当大学教授"，"长大了我想当医生"，"长大了我想当律师"，"长大了我想当……"，等。而应该是："长大了我想建立更高的人品大厦"，"长大了我想建立更高的信用大厦"，"长大了我想建立更高的孝顺大厦"，"长大了我想建立……"等！

习主席说过，中国梦，就是让每一个中国人都有出彩的机会！而"地铁式"执行力系统就是有序驱动，让每一个中国人都有机会出彩的系统工程！

"地铁式"执行力系统让员工在执行力方面出彩！

"地铁式"执行力系统让员工在绩效方面出彩！

"地铁式"执行力系统让员工在人品方面出彩！

"地铁式"执行力系统让员工在职业生涯方面出彩！

"地铁式"执行力系统让员工在信用方面出彩！

"地铁式"执行力系统让员工在财富方面出彩！

【案例】

小王到 E 公司第一天就拿到了自己的"管理'龙骨'大厦"——执行力驱动系统。主管告诉他，你的梦想就在里面，他会帮你敲出希望之火，帮你点燃生命之灯，会照亮你的前行之路，将引领你走向灿烂的明天！公司会让每个员工都出彩！小王听了主管这番话，很是激动。他说："我供职过这么多公司，还第一次见到，履行职责是通过驱动龙骨大厦的形式，我的每一步进步阶梯都写在了大厦里，那太有成就感了！我一定要加倍努力，我的出彩我做主！"

第二个管理视角：

"地铁式"执行力系统将员工"坚持"写入了执行力驱动模型当中。

复杂的事简单做，你就是专家；

简单的事重复做，你就是行家；

重复的事，用心做，你就是赢家！

这段话的核心实质其实就是两个字："坚持"。

这里也道出了企业管理最难的问题，就是"坚持"做好每件事。

换句话说，企业里开很多会，付出很多成本，其目的就是为了让员工能够"坚持"做好每件事。

事实是，企业里重复的事情能够"坚持"做好的并不多。做好的，都是那些成功的企业、伟大的企业。

"地铁式"执行力系统以驱动进步阶梯为主旋律，将"坚持"二字写进了执行力驱动模型当中。

"坚持"做好多少天，也是一种进步！

这种进步一旦得到承认和赏识，员工就有了"坚持"下去的动力了！

有了持续的动力，"坚持"二字就有了机制。

最后，"坚持"的天数变成了员工执行力大厦累积的成就感工程。

企业重复的事情，员工"坚持"的有多好，具体都表现在员工执行力大厦的层级上。

再看一段描述：所谓能耐，就是既有能力又有耐力。没有能力的人做不了事，没有耐力的人成不了事。能力是锻炼出来的，而耐力是磨炼出来的。没有能力的耐力是一生平庸，没有耐力的能力是一时之勇。人生想要有所成就，就必须既要有"能"也要有"耐"。

这里的"能力"就是进步阶梯，体现为业务从"生"到"熟"。

这里的"耐力"就是坚持进步阶梯，体现为重复做好。

再远的路，走着走着，也就近了；再疏的人，交往交往，也就亲了；再高的山，爬着爬着，也就平了；再难的事，做着做着，也就顺了。每次重复的能量，不是相加，而是相乘！水滴石穿，不是水的力量，而是重复和坚持的力量，成功贵在坚持，成在行动，功在积累！

一段有价值的心灵鸡汤，把他放在持续的进步阶梯驱动机制里面，就像珍珠用线绳穿起来一样，变成精美的项链！而如果散落在民间，变成重金属污染，称为"毒鸡汤"，人们敬而远之。

再远的路，走着走着，也就近了。里面蕴含着坚持进步阶梯，持续不断坚持，发现目标越来越近了！

再高的山，爬着爬着，也就平了。里面蕴含着坚持进步阶梯，持续不断坚持，发现目标越来越平了！

再难的事，做着做着，也就顺了。里面蕴含着坚持进步阶梯，持续不断坚持，发现目标越来越"顺"了！

这里的"坚持"不是加法，是乘法！这段话的表述正好诠释了"地铁式"执行力系统公式：结构总图＋进步阶梯＋赏识教育＝累积执行力大厦＝成功＝近了＝亲了＝平了＝顺了＝水滴石穿。

任何事情，你没有坚持 3 个月，就没有发言权；没有坚持半年，就不要说你懂。选择自己想做的事情，每天重复做，能坚持下来的人，定会成为行业的领航者。成功没有捷径，唯有努力前行。

这些"坚持"贵在一个环境里，贵在一个企业，有共同的积累，一个团队众志成城才可以成功！才可以走得更远。否则，光一个人坚定信念，这件事是很难做得到的。而只有在一个企业里，共同的机制、共同的信念、共同的比拼、共同的积累，这件事才更容易落地，才能让更多的人理解这句话后共同去实现。

第三个管理视角：

"地铁式"执行力系统是一套有效的激励机制系统，是原有激励机制的一种有益补充。

企业原有激励系统是在员工达到目标后给予的物质和精神奖励，是一套目标绩效系统。一般时间周期较长，半年或一年，奖励范围较小。理论上是奖励优秀员工，树立榜样，但实际经常受奖励的人得到了鼓励，却打击了一大片没有受奖励的，严重的话导致很多优秀的员工只因为没得到奖励一气之下离职。这种激励往往负能量大于正能量，老板和职业经理人面对这种情形都很无奈——奖也不是，不奖也不是。

特别是年终各部门公开投票评选优秀员工，似乎是有一套评估指标。但实际上评起来还是有些模糊，以至于评选结果让大家都很"吃惊"。难道他就是我们评选出来的优秀员工吗？被评的员工自己都有些不敢相信，难道我这样表现就是公司的优秀员工了吗？

"地铁式"执行力系统找到了克服这种模糊激励机制带来负能量的方法和工具。

这个方法和工具是什么呢？

他就是"地铁式"执行力系统，也是企业管理之龙骨——执行力大厦。

执行力龙骨大厦，它会记录一个员工所有的进步阶梯，所有的成就都会被累积在执行力大厦里面！这个大厦为一个员工是否优秀，有多优秀，提供翔实而客观的数据。

如果说将原有激励系统大目标比作开车，是"挂大挡，相当于五挡"，那么，执行力进步阶梯大厦是"挂小挡，相当于一挡"！也就是说挂了大挡，有了总方向了，而大部分企业是员工突然找不到方向了，不知道每天要干什么。特别是要坚持干好，并且对于坚持多长时间更没有要求了。"挂一挡，动力实足"就是针对性地解决这个问题。

挂一挡，就是所有员工的斗志都集中在以下过程中：他将为完成一座自己的执行力大厦而激情工作，激情奔跑！他将为铸造他一生的丰碑而努力奋斗！

具体来说，就是员工的梦想在履职过程中进步的每一个阶梯都会得到一定程度的赏识，小进步小赏识，大进步大赏识，员工一步一个脚印，一步一个阶梯，敲出希望之火，点燃生命之灯，照亮前行之路，引导员工走向灿烂的明天，达成年终绩效目标。且员工成长的每一步都被沉淀到执行力大厦模型里了，员工为自己累积的大厦模型而骄傲。

这种激励，是更趋于精确的激励！员工心里更清楚的激励，领导心里也更加清楚的激励！减少共识的错位！是所有人对年终绩效结果都心服口服的工具和方法。

这种方法的驱动，员工便都会信心坚定地走自己的路了！

【案例】

小王走上工作岗位，主管拿着他的执行力大厦模型，告诉他工作内容和进步阶梯，并承诺小王每进步一个阶梯，他都会及时给小王做出中肯的评价和鼓励，并给小王指出下一个阶梯的努力方向。小王工作内容明确、工作结果明确、工作时间表明确、就连自己的进步也非常明确，这是他在所有公司都没有见过的。

小王工作积极性大增，很有干劲。他发现，每个阶梯都很小，很容易完成，都是"易如反掌"！

于是，每完成一个阶梯，他都会及时向主管汇报，主管每次都恰如其分地给出评价意见，并鼓励他继续努力。

小王工作方向明确，不断得到承认和赏识，他一时工作起劲，达到了忘我的程度。特别是每天回到家，他跟老婆说，在这样的公司工作，累也愿意！

第四个管理视角：

"地铁式"执行力系统是一套履职系统，是原有职责系统的一种改进和补充，是表现形式和功用的最新要求，是一种动态的与时俱进的履职系统。

原企业职位说明书系统有八大块内容，职位名称、上下级关系、职责概述、职责描述、关键绩效指标、权利、任职能力、任职资格等，可谓详尽，很全面地反映了一个岗位的职责和相关要求。

职责系统经过十几年的发展，基本上在各企业都得到了一定程度的普及。但企业运行这么多年，反馈意见是：职位说明书感觉有价值，但具体价值在哪里，好像还没感受到，岗位和职责变动也很少有企业能做到动态更新。

"地铁式"执行力系统较好地改进了职位系统的执行价值和动态管理问题，它不仅仅是基于动态管理，而是职责具体执行。通过进步阶梯驱动向深入进发，向专业和职业化进发。可能达到"五锹"的深度！且有沉淀和累积，员工执行深度、宽度和执着程度都有记载。这些记载都刻画在执行力大厦模型的每个阶梯里面了。

通用五层进步阶梯：不会到会，不熟悉到熟悉，不熟练到熟练，坚持做好第一天，坚持做好第二天，坚持做好第 N 天！

【案例】

小王以前也有岗位说明书，至少八个方面内容，不可谓不详细。但是，他回忆起来，那些职责似乎执行了，也似乎没执行，好像也没有人问他。也没人问他到底执行得好还是坏，反正到月底就开工资。

但是有一天他到了 E 公司，这些职责变样了，每一个职责分成五个等级，每一个等级完成什么程度都有说明，并且还有时间表，工作结果。完成后要及时向主管汇报，主管还要给出中肯的评价，并一起确定下一个台阶的目标。小王工作也有五六年了，第一次看到这么详细的工作安排，他由衷地感慨说：真像"地铁式"执行力系统描述的一样：进步有阶梯，努力有劲头，幸福在路上。

"地铁式"执行力系统是一个完整的超大系统。所以，每篇文章、每个观点都是互相关联的，如果你恰巧看到了第六篇，建议你把前五篇看一下，这是一个整体，缺一篇都不行！

第五个管理视角：

"地铁式"执行力系统是一套绩效管理改进系统，是原有绩效辅导系统的一种改进和补充。

企业管理发展到今天，绩效管理在企业里基本得到了普及。无论是大型国有企业，还是小型民营企业，"很多公司都实施过绩效，要么被绩效捆绑过"。

管理模式相对简单的企业，做了绩效考核，并与员工工资挂上了钩。

管理方面做得更好的一些企业，开展了绩效管理，且不是为了"扣点奖金"，并实施了绩效面谈流程。

尽管这样，有数据显示，实施绩效管理的，和没实施绩效管理的，差别并不是很大。

特别是职能部门工作，尽管提炼了关键绩效指标，其实质还是开展本职工作。

绩效管理过分夸大目标的作用，目标在企业初创期，起到过一定的作用，员工不再是瞎忙，而是有了一定目标的忙。

但是，绩效管理普及到一定程度。人们发现，目标都很明确，但形同虚设，每天都是例行公事，没有激情。只是到月底为了发工资而不得不打一下分而已。

分数太高不合适，分数太低，工资又很亏。所以，每次就象征性地打一下分，上下有一个基本浮动，别被"枪打出头鸟了"，就万事大吉！

反正这是公司推动的管理活动，不能不支持，不支持，就是"负能量"。

既然是这样一个现状，那就没有更新更有效的新理念、新方法、新工具吗？

目前为止，确实没有。

但今天有了"地铁式"执行力系统，能改进绩效管理系统的不足，或进行有益补充。

1.绩效管理需要确定关键绩效指标，指标又不能太多，一般2~3个，太多起不到关键作用。而事实上，每个岗位指标都不少，如果只是考核几个关键指标，"员工只做有考核的工作"，其他工作因为不考核，不与工资挂钩。所以，做好做坏全凭员工"责任心"了。从机制上看，这是绩效管理最大的缺憾，也是最大的无奈！理论是好的，抓事情的关键——"打蛇打七寸""牵牛要牵牛鼻子"。但事实是企业里每个岗位的工作少则五六项，多则七八项，这条理论就很难适用。

"地铁式"执行力系统却很好地解决了这种绩效管理的不适合症。

"地铁式"执行力系统大厦可以涵盖每个岗位所有工作，第一个大厦如果太复杂，可以使用第二个大厦，第三个大厦……按一定逻辑关系来不断细分大厦！最后变成一个大厦系统！而且每项工作不是有结果就完了，而是过程中也要有进步阶梯体现。是可以不断深入的，不断提高的。这种不断深入、不断提高，就是本职工作的专业化和职业化不断提高的过程！

这样一种安排，基本上把每个岗位的所有工作的所有过程和结果全部覆盖完毕。这样就很好地解决了非关键绩效工作经常做不到位的问题。

2.绩效管理的绩效面谈，本来是一种进步，但时间久了，无内容可谈。谈了后也没有进入严格的绩效考核，故也难免流于形式了。

"地铁式"执行力系统把这种绩效面谈安排在每个进步阶梯中了，员工每一次进步，都要有一个中肯的评价。并且指出下一步努力的方向，下一个阶梯在哪里！所以，所有的工作质量要求都将被这样一个机制所覆盖，且员工进步有阶梯，努力有方向，幸福在路上！

【案例】

小王见到的最好的绩效管理就是除了绩效回顾外，还有上下级绩效面谈。但后来发现，面谈几次还行，有点新意，时间长了，已经不知道谈什么了。即使谈完的事情，自己只是听着就行，至于是否改进，没人问了。况且绩效面谈只针对绩效指标两到三件事，其他的就不谈了，内容很有局限性。

而小王到了E公司后，发现所有工作都被制作成进步阶梯，写进了执行力大厦进步阶梯里了，包括过程和结果，执行好坏，是否爬上了新的台阶，都是要及时向主管汇报的。每一次主管还要做出中肯的评价，并共同确定下一步进步阶梯的目标。

每次主管定出一个阶梯目标，小王自己总要进步两到三个阶梯，总是超过主管的期望，进步速度非常惊人，这是主管没有意料到的。

用"地铁式"执行力系统驱动小王的绩效，不到三个月时间，小王超过了在这个岗位上的所有员工，很快晋升为本部门主管。

"地铁式"执行力系统是一个完整的超大系统，所以，每篇文章、每个观点都是互相关联的，如果你恰巧看到了第七篇，建议你把前六篇看一下，这是一个整体，缺一篇都不行！

"地铁式"执行力系统是一套人才成长
培养系统，是原有培训系统的具体落实和
补充。

原有人才成长培养系统，即是公司的培训系统。员工按要求从进公司到各个阶段的成长，需要时就进入培训班进行培训。但培训结束后观念是否改变了、行为是否改变了、绩效是否提升了，很少有较认真的培训者进行跟踪记录，可能也没有这个时间和功夫。或者是在中国相当好一点的企业关于培训的效果和流程才能做到这一点。但大部分企业培训完了，就结束了，员工很快就还给老师了。

但"地铁式"执行力系统却可以很好地落实这件事。用执行力大厦模型把员工的每一个进步阶梯都累加起来，员工做到职责的哪个层级的细节，遇到什么困难，他的上级是如何辅导的。做好后，员工因此升了几个台阶，有什么感受，都记录在进步层级中了。员工的成长历程、积极性及负责任程度都刻录在进步阶梯上了。所以说，"地铁式"执行力系统是更好的人才成长培养系统。

【案例】

小王经常参加培训，但培训回来，要么就都还给老师了，要么丢在一边，也没人要求执行，也没人问学了哪些内容。

小王到了E公司，发现所有培训要执行的内容全部写进执行力大厦驱动模型里了，想不执行都不行。因为有明确的时间节点、有明确的内容要求、有明确的汇报时间，特别是每项工作都变成阶梯。一个人只需要拼命爬上阶梯，那么他的工作就基本都执行到位了。大部分情况下，都能达到超越执行力的发挥。所以，小王每次都超出主管定的目标完成度，超额完成任务。小王通过努力，成了公司能力成长最快的员工之一。

"地铁式"执行力系统是一个完整的超大系统，所以，每篇文章、每个观点都是互相关联的，如果你恰巧看到了第八篇，建议你把前七篇看一下，这是一个完整的故事，缺一篇都不行！

第七个管理视角：

"地铁式"执行力系统是一套培训需求的自动识别系统，更是培训效果有效跟踪的神器，是原有培训系统的具体落实和补充！

原来各部门填写培训需求很难，不知道需要培训什么。拿到培训需求表，总感觉是在应付培训部门工作，有时甚至还抱怨"培训部门总是给添乱"。其实这里面有一个主要原因，那就是岗位执行力提升没有具体标准，员工认为把事情打发掉就行，所以很难提出需要什么培训。

而"地铁式"执行力系统对岗位的每一项职责履行的深度、宽度、力度、强度、专业化和职业化等都有非常细致的要求。这些"度"和"化"变成员工进步的具体台阶。如果员工要爬台阶，要进步，就必须克服困难，必须主动吸取相关知识和技能训练，而恰如其分的培训正好是帮助他们克服困难、提升自己的最好手段。那么，培训需求自然就来了。

所以，这时不是培训部门来找各个部门填表格，而是各部门主动找培训部门要培训课程，培训部门总是得马不停蹄地满足各部门的培训需求。培训需求流程在企业里，因执行力大厦模型的驱动使培训工作实实在在地为各部门员工成长提供了

"增长器"和"加油站"的作用。

"地铁式"执行力系统对培训效果的跟踪验证尤其显著。因为培训完效果好坏还是要看他是否爬上了应有的进步阶梯。培训前是阶梯驱动培训需求，培训后是阶梯验证培训效果。"地铁式"执行力系统是让公司培训成本付出得更有价值。不再是例行公事走形式。

"地铁式"执行力系统是最认真关注每个员工进步成长的每一个细节，并且累积员工成长的历程。这样，员工在认真爬每一个进步阶梯的时候，就需要培训提升能力。这时，培训需求自然产生！可以这样说，没有认真累积员工成长，员工就没有了进步需求的可能！从这个意义来说，"地铁式"执行力系统既是培训需求的自动识别系统，也是对员工成长最负责任的系统。

【案例】

有一家通讯企业，执行力很差，培训部门组织各部门填写培训需求。各部门回答说，没有培训需求，培训就是浪费，还不如早点回家做饭。

像这样的公司是看不到自己的不足。其实培训员工，也不一定就是有多少直接的效益。而是培训后，公司整体会切换到另外一个更高的频率在运作。而且，看上去档次就不一样，员工素质也不一样。

从这个意义来说，企业正常运营是要分很多个层次的，同样一个行业，同样一个企业，同样一支管理团队，坐到谈判桌

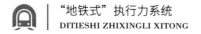
上，谈吐明显不同。有的企业，总觉得自己只能"下厨房"，不能"上厅堂"，就是这个道理。

所以，驱动了员工进步阶梯为主旋律，将使员工自动有培训需求，自觉地想切换到另一个更高频道。

"地铁式"执行力系统是一个完整的超大系统，所以，每篇文章、每个观点都是互相关联的，如果你恰巧看到了第九篇，建议你把前八篇看一下，这是一个完整的故事，缺一篇都不行！

第八个管理视角：

"地铁式"执行力系统是一套吸引人才加盟的好机制，是对原有招聘系统的完善和补充。

能够做到员工入职后记录每一步成长的进步阶梯理念，是很多打工仔梦寐以求的供职单位。在招聘启事上，可以把这一条作为一个亮点来宣传，公司有一套完整的执行力系统的用人文化和激励文化，可以把执行力大厦模型展示给应聘者，让有意加盟公司的人能更好地对号入座，这样一来，企业会更容易吸引到更加适合岗位的人才加盟公司。

这样的口碑和品牌宣传出去，不仅人人赞不绝口，而且公司吸引人才就可以优中选优了。从此，公司再不愁招聘工作了，应者云集。

【案例】

小王就是看到 E 公司人才加盟机制才进入公司的。"地铁式"执行力系统打造出来的招聘机制与其他公司有所不同。他用进步阶梯吸引人才，面向社会广大人才。他们承诺，进入 E 公司，三年当主管，六年当经理，此话绝不失言。在招聘中列

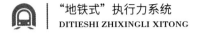
举了几个大学生案例，都是没到三年就晋升了，有的最快一年就当上了主管，第三年，就升为部门经理了，这是用事实说话的招聘机制。

"地铁式"执行力系统是一个完整的超大系统，所以，每篇文章、每个观点都是互相关联的，如果你恰巧看到了第十篇，建议你把前九篇看一下，这是一个完整的故事，缺一篇都不行！

第九个管理视角：

"地铁式"执行力系统是一套执行力评价系统，是对原有执行力系统的完善和补充。

原有执行力评价系统较模糊，基本没有系统是执行关于一个员工好坏的评价，更谈不上执行力模型。员工大部分都是在入职前有一个基本素质评价，但入职以后，履职执行力情况到底如何，基本就没有评价了。

"地铁式"执行力系统是将一个员工的所有职责及其细化（如深度、宽度、力度、强度、专业度、职业度等），可操作的标准全部纳入了进步阶梯中。且员工每完成一项工作，爬上一个台阶，都由他的主管上级进行认可和评价，并提出改进意见和努力方向。员工称不称职要看爬阶梯的速度，领导官不官僚要看对下属的中肯评价细致程度。所以，"地铁式"执行力系统是对原有执行力系统的评价系统的完善和补充。

【案例】

小王工作过的企业，执行力都是不错的，很多执行力高的老师都给出一套执行原则，按照原则执行就行了。但令小王没想到的是，进入 E 公司，都不是根据什么原则问题。而是所有事情怎么执行，怎么提高，再提高，专业再专业，细节再细节，每一项工作都按照进步阶梯的机制，求极限，推向极致，没有做不好的工作，没有完成不了的目标，最后盘点下来，没有不超额完成目标的。不是有效提升执行力，而是一定要提升到什么程度，是有精确计量的。从这个意义来说，"地铁式"执行力系统，是一套精确测量的执行力系统，是第一个建立执行力模型的系统。

"地铁式"执行力系统是一个完整的超大系统。所以，每篇文章、每个观点都是互相关联的，如果你恰巧看到了第十一篇，建议你把前十篇看一下，这是一个完整的故事，缺一篇都不行！

第十个管理视角：

"地铁式"执行力系统是一套更好的留人系统，是对原有留人系统的有益补充。

企业留人分两个阶段，一是合适的新人能够尽快地融入公司；二是执行力较好的员工长期留在公司与公司共同发展。

一般情况下，员工看不到自己到底在这个企业的执行力是好还是坏，总共走了多远，未来还有多远的路要走的时候，他就迷茫了，看不到将来，那么离离职就不远了。

原有的企业留人系统一般都靠愿景留人、文化留人、待遇留人、职位晋升留人等。现在我们对每一个员工有了一套基于承认和赏识的成就感工程——"地铁式"执行力系统，是以驱动进步阶梯为主旋律的执行力大厦。是以一套更公平的个人执行力赏识评价系统来实现留人机制的，这种赏识机制给员工带来的成就感、荣誉感、成长速度和友善的上下级关系及良好的同事人际关系，是原有留人系统的有益补充。

【案例】

小王来到了E公司，每天爬台阶，并及时地得到了上级的评价，累积起来可以建成一个执行力大厦。这个大厦就是他的成就、就是他的业绩、就是他在 E 公司的所有表现，就是他的生命，他之后到任何一家公司再没有人给他建这样一个成就感大厦了！

在他遇到困难的时候，有人不遗余力帮他，他也曾经帮过很多人成就过大厦。在这家公司里，就像家一样，没有敌视，没有仇恨！有的只是善良，友好，关爱！互帮互助！在 E 公司不需要有私心！帮助别人越多，品德成长模型大厦就越高！执行力大厦和品德大厦交相辉映，流光溢彩！这就是小王的家啊，他还往哪里走啊！

"地铁式"执行力系统是一个完整的超大系统。所以，每篇文章、每个观点都是互相关联的，如果你恰巧看到了第十二篇，建议你把前十一篇看一下，这是一个完整的故事，缺一篇都不行！

第十一个管理视角：

"地铁式"执行力系统是一套更好的细节操作机制，是对原有细节决定成败理念落地的有益补充。

汪中求老师的《细节决定成败》一书出来以后，经过近十几年的宣导，国人已经能够认识到细节做到位对企业发展的重要程度了。

如何能把细节持续下去呢？把细节做到什么程度才算结束呢？这是员工一直没有得到回答的两个问题。

今天，"地铁式"执行力系统回答了这两个问题。驱动员工进步阶梯，把职责不断细化（深度、宽度、力度、强度、专业度、职业度等），求极限就是做好细节的机制。特别是每次做好都得到上级或企业老板的认可。员工因为做好细节而得到承认和赏识，所以愿意把细节进行到底，这就是持续做好细节的机制。应该说细节可以无限细，细节无止境！但是从战略到细节无限求极限的过程是一个企业管理品质和服务品质的重点体现。也就是说，在战略正确的情况下，细节做得越细越到位，那么这个企业就越具有竞争力。当下海底捞公司的服务，就是在细节上细的程度和到位程度远远超过了同行业水平。从

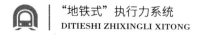
这个意义来说，企业做好的程度就是比拼细节求极限的程度。

【案例】

小王进入 E 公司，发现以前做的事情是一个主流程，而围绕主流程的若干细节都没有认真去做，也没人要求去做，完成任务就行了。或者即使领导开会时强调了要把细节工作做好，做到位，但会后就没人再提这件事了。于是，细节工作又飘在空中了！有一天，当领导看到了某个细节没做到位，又在会上大谈特谈细节的重要性。给小王的印象就是，细节工作就是这样一个恶性循环，所有人都知道细节重要，但就是没有人愿意把细节工作真正地做好。

但是在 E 公司同样的工作，却把主流程到细节的若干步骤都设计到进步阶梯里面了，只要每天进步，任何一项工作都被推向极致。这种极致就表现为从主流程向辅流程五层次驱动深入，越是深入，体现的专业度就越强。

在 E 公司最有趣的就是谁能把细节工作推到更高境界，谁就有理由获得更多的掌声。更多的爱！更多的感恩！这是一种细节文化！这是一种时尚！这是一种核心价值观！

"地铁式"执行力系统是一个完整的超大系统。所以，每篇文章、每个观点都是互相关联的，如果你恰巧看到了第十三篇，建议你把前十二篇看一下，这是一个完整的故事，缺一篇都不行！

第十二个管理视角：

"地铁式"执行力系统是 ISO9001－GBT19001 过程控制的最精髓体现，也是真正的全员参与的具体有工具有模型驱动的一个系统。

"地铁式"执行力系统不仅仅要求每个员工的每一个过程，即所有职责所有工作的每一个进步阶梯得到控制。而且，执行力大厦模型还要求他的直接上级和间接上级也要中肯地对下属的进步阶梯表示肯定。所以，这才是真正的过程控制，覆盖所有部门、覆盖所有职责、覆盖所有员工、覆盖所有工作、覆盖所有过程，这才是真正的全员参与。

过程控制的宽度，过程控制的力度，过程控制的深度，过程控制的强度在原有 ISO9001-GBT19001 质量管理体系标准过程控制的基础上，得到了进一步的完善和加强。

中国企业推广 ISO9001－GBT19001 质量管理体系标准，总是存在"两张皮"现象。尽管有八项原则，12 项基础，企业操作起来还是说一套，做一套，贯标是一套，实际操作是一套。大部分企业接受外审那天，都非常优秀，外审专家组一离开，"立马复原"。

其中，我们拿出八项原则的两个条款进行分析对比，我们会看到中国“地铁式”执行力系统的驱动核心工具——执行力大厦模型的威力。

八项原则的两条原则，领导重视，全员参与。实际操作中一般以制订质量方针和组织管理评审为主要行动代表，基本上做了这两件事，就算是领导重视了。

而“地铁式”执行力系统的驱动工具——执行力大厦模型不仅给出了基层员工的操作控制要求，而且以进步阶梯为主旋律进行见证。特别是要求各级领导都要对其直接下级工作结果及进步程度进行评价，这是执行力的一个新工作标准。

领导重视要体现在具体运作和具体行为上。领导的重视程度以其对直接下属的评价记录作为证据，表明领导确实是重视了。

执行力驱动大厦模型也即全员参与的最具体体现了。员工工作的结果及进步阶梯则是表现员工工作过程的全部记录。

从这个意义来说，ISO9001—GBT19001质量管理体系标准，四大过程，八项原则就都可以用执行力大厦模型作为主要驱动工具，执行力大厦模型中的所有记录和数据可以保证管理体系的运行不再是“两张皮”。

“地铁式”执行力系统是一个完整的超大系统。所以，每篇文章、每个观点都是互相关联的，如果你恰巧看到了第十四篇，建议你把前十三篇看一下，这是一个完整的故事，缺一篇都不行！

第十三个管理视角：

"地铁式"执行力系统是对企业审核技术的一种改良。

企业管理体系审核技术的出发点是：用足够少的不合格证明员工是优秀的，是对做得好的一种承认。但事与愿违，事实是企业审核组给员工的印象就是"找毛病"，很不受欢迎。

因为审核组也确实没有给予承认的工具。而"地铁式"执行力系统以承认和赏识为原则，对原有工作结果进行认可和赏识，员工"想坏"都难。赏识是一个"双面刃"，出发点是赏识，但实际上员工已经无法"偷懒"。

因为规定的时间节点到了，领导就要进行赏识了，如果你还没有爬上指定的台阶，工作还没有结果，不给领导赏识自己的机会，那么就相当于自己给自己"一记耳光"，"自己打自己的脸"！有这样一种压力，员工就更不能不把工作按质按量按时做好了！用"地铁式"执行力系统的话，就是踏踏实实做好每一个进步台阶。进步有阶梯，努力有尽头，幸福在路上！

所以，这种赏识机制，员工"想坏"真的很难啊。

【案例】

小王到 E 公司后，没有被领导找过"毛病"，不用审核。每一次对工作结果只是一种见证，是评价进步阶梯是否实现了，并指出下一步努力的方向。

传递的都是正能量。在 E 公司不合格报告都变成了进步阶梯的更高层次和要求了，是员工的进步空间。公司也没有因为任何人哪项工作没有做好而受到处分。人力资源部门每天都做的是见证哪个部门哪个员工又创造奇迹了。推动"地铁式"执行力系统，大大降低了公司内部审核工作量。

"地铁式"执行力系统是一个完整的超大系统。所以，每篇文章、每个观点都是互相关联的，如果你恰巧看到了第十五篇，建议你把前十四篇看一下，这是一个完整的故事，缺一篇都不行！

第十四个管理视角：

"地铁式"执行力系统是对每天进步1%的持续改进理念的具体实施机制。

每天进步1%是美国著名管理学家戴明发明的PDCA循环。据说，就是这项发明曾经让日本汽车工业一举超过了美国。

20世纪末，21世纪初，中国大大小小的国有企业和民营企业都相继进行了贯标活动，全国上下都在普及PDCA循环理念和技术。我本人也很荣幸是推动这一活动的一员。

应该说，我们推动贯标活动，在中国行业中我们用ISO9000思想实实在在在为企业提高管理的认真程度和审核的深入程度，在全国来说是排在前面的。我们推动这件事主题思想就是"力度咨询"六段法。

尽管这样，虽然经过我们武装的企业确实进步不少，但是现在我用每天进步1%的这把尺子来衡量，可能都不及格。实际上停留在理念上和会议上的成分占了绝大多数。也就是说，到今天为止，还没有哪个人用哪个工具来精确测量进步1%这件事。

"地铁式"执行力系统是以驱动进步阶梯为主旋律的执行

力大厦模型工具和方法，他保证每个岗位的员工每天都至少进步一个阶梯，这个进步阶梯是可以精确计量的，不再是"理念上的进步1%。而实际进步多少都有人去管，有人去问，不再只是各级领导用于说事的套话了，是可以实实在在执行的且可测量的"。

每个员工都能通过执行力大厦模型保证进步1%。那么，全公司每天进步1%就有机制保障，且有充足证据表明确实进步了1%。

企业所有员工都能保证每天进步1%，那么企业进步的速度是相当惊人的。

【案例】

小王在很多公司都经常听领导讲每天要进步1%。但是小王回忆起来，好像就没有哪个企业哪个公司认真地测量过这件事。

但是，小王进入E公司后，上班第一天就接到了主管给他的执行力大厦模型。主管跟他讲，明天进步一个台阶就行，进步了向我汇报。

小王发现，这个台阶很简单，不用跳起来就能够得着，他只需要"举手之劳"即可。

第一个台阶就这样轻松地实现了。找到主管，发现主管正在等他。看了小王的进步台阶，主管给出了中肯的赏识式评价意见，并记录在小王的执行力大厦模型中，然后跟小王一起确定了第二台阶进步内容。

第二台阶完成后，小王也是同样得到了非常中肯的赏识式评价意见。

第三台阶，……第四台阶，……第五台阶……

小王感觉到，E公司是他遇到的让他进步最快的公司。他总结，真正的实施执行力大厦模型，每天进步可不只1%。因为所有岗位都要进步一个台阶，综合计算下来，已经是1%的若干倍了，这样的进步效率，远远地把竞争对手抛在后面了。

小王还体会到，定目标不一定"非要跳起来才能够着"，其实很小的目标，反而积极性更高！问题的关键是一定要有阶梯。

另外，小王还发现，E公司开会，领导从来不提每天进步1%的事，且不在大会小会上反复强调，他们只是偶尔问一句，小王爬到第几台阶了。

结论：真正做到了，会上就不强调了。

相反，大会小会不停地强调，说明这件事根本就没有有效的落实。

"地铁式"执行力系统是一个完整的超大系统。所以，每篇文章、每个观点都是互相关联的，如果你恰巧看到了第十六篇，建议你把前十五篇看一下，这是一个完整的故事，缺一篇都不行！

第十五个管理视角：

"地铁式"执行力系统是战略落地的
具体实施工具，也是原有平衡计分卡的有
益补充。

平衡计分卡中的顾客指标、财务指标、流程指标和学习成长指标通过执行力大厦模型，落实到每个岗位职责中的每一个进步阶梯，通过求极限式的驱动进步阶梯，使四项指标很细致地落到实处。不是只有关键绩效指标，而是有序地驱动每一项职责指标（职责深度、宽度、力度、强度、专业度、职业度），通过每个阶梯的承认和赏识，员工动力十足地将岗位工作推向深入。这种求极限的方法就是将公司战略切实地落在了实处，且可以精确测量落实的程度。

【案例】

以往小王在其他公司感觉战略离自己很远，基本涉及不到小王。但小王到了E公司，发现战略离自己近了。虽然他只是一个普通员工，但是公司的战略目标通过分解，很轻松地都分解到自己的执行力大厦里了，每天只要按计划完成进步阶梯，战略要实现的所有目标就都顺理成章地完成了，而且大部分都是超额完成。因为战略是大目标，挂的是"大挡"，进步阶梯挂的是"小挡"，持续完成"小挡"的进步阶梯，就水到渠成、顺理成章地完成了"大挡"，即大目标。

"地铁式"执行力系统是一个完整的超大系统。所以，每篇文章、每个观点都是互相关联的，如果你恰巧看到了第十七篇，建议你把前十六篇看一下，这是一个完整的故事，缺一篇都不行！

第十六个管理视角：

"地铁式"执行力系统是以人为本文化、承认赏识文化的生根工具。

　　"地铁式"执行力系统是真正的以人为本的更高层次表现。通过承认赏识手段和活动做到让员工身心愉悦地投入工作，并且每进步一个台阶，都得到上级和企业的赏识。此机制覆盖公司所有员工和管理层，真正做到了以人为本的文化重要体现。让员工进步有阶梯，努力有劲头，幸福在路上。

　　以人为本不是目的，它是一个企业经营良性循环的开端，是企业经营的秘诀，是企业常青树的秘密武器！

　　现在最流行的企业管理业界观点：你对员工有多好，员工就会对客户有多好！客户有多好，有多满意，客户就会赞不绝口，客户就会忠诚，客户有多忠诚，你的企业就会有多好！

【案例】

　　小王进到E公司，他进步的每个台阶，三天小赏识，五天大表扬，干劲十足，在E公司一年得到的承认和赏识比其他所有公司的总和还要多。因为在其他公司得到的大部分都是批评，得到领导的认可太难了。

小王每天都高高兴兴上班，快快乐乐下班，真的感觉到自己就是公司的主人。公司每天的管理活动是围绕着他自己如何开心，如何成长。但他惊奇地发现，公司虽然不强调业绩了，不强调指标了，但是每天的进步阶梯让公司的业绩涨了几倍，这是公司所有人都没有预料到的。

"地铁式"执行力系统是一个完整的超大系统。所以，每篇文章、每个观点都是互相关联的，如果你恰巧看到了第十八篇，建议你把前十七篇看一下，这是一个完整的故事，缺一篇都不行！

第十七个管理视角：

"地铁式"执行力系统的最终目标是战略落地，文化生根，是解放总经理工程的有效工具。

战略落地在第十五个管理视角已经说明，文化生根在第十六个管理视角已经说明，第十七个管理视角将重点说明解放总经理工程。

战略方向正确了，向细节求极限过程中通过以驱动中国"地铁式"执行力进步阶梯为主旋律的龙骨节奏，将公司所有部门、所有岗位、所有人员、所有工作进行格式化重新排列，并以赏识教育为主要文化理念的统一运行机制。驱动最终管理效果就像永动机一样，员工自动自发地工作，自动自发地加班加点，自动自发地比奉献比绩效！总经理在与不在都是一样，总经理只需要抽查相关员工的执行力大厦驱动模型中的各级主管给员工中肯的承认赏识记录即可知各部门运行情况和运行质量。

所以，"地铁式"执行力系统不仅仅是解放总经理，在一定程度上解放的是各级主管及员工。故说迄今为止，"地铁式"执行力系统是能把企业执行说得更清楚的一套系统。

故说，战略落地，文化生根，解放总经理工程是实实在在的目标，是可以测量的证据。

【案例】

小王发现 E 公司总经理很轻闲，基本不用在办公室待着。不像其他公司，总经理在大家做的就好，总经理不在大家就不好好做，其实都是做给总经理看的。而小王所在的 E 公司，因为所有岗位员工都按部就班，总经理想了解执行力情况，他只需要看一下分管部门主管对下级的评价就可以了。这个评价就在每个员工的执行力大厦里边。

总经理根本不需要经常紧急召开什么会议，找什么"毛病"，然后再折腾中层干部，美其名曰："中层干部都是折腾出来的。"

"地铁式"执行力系统是一个完整的超大系统。所以，每篇文章、每个观点都是互相关联的，如果你恰巧看到了第十九篇，建议你把前十八篇看一下，这是一个完整的故事，缺一篇都不行！

第十八个管理视角：

"地铁式"执行力系统是创新的动力源泉。

"地铁式"执行力系统是管理创新和技术创新的动力源泉。每个岗位员工无论是技术岗位还是管理岗位，其本职工作初接触时体现为从不熟悉到熟悉的进步过程，每一次进步都是一个成长阶梯。但成长到不能再进步时，只能以坚持天数为进步阶梯。这时，员工可能感觉比较乏味，自然而然就会思考，能否用新方法、新方式来替代现有工作呢？是否有更高效率来替代呢？这样的思考就会产生创新驱动，创新源泉往往就出现在这个阶段。

因为坚持比较乏味，所以员工工作"量"的积累到了一定程度，便会有新思路诞生，达到"质"的飞跃。这就是因驱动"地铁式"执行力系统而产生的创新源泉，而每一次创新又是一个新的进步阶梯。

每一个公司都应该鼓励这种卓有成效的自主创新活动。每个岗位员工进步阶梯体现为创新性质的越多。那么，这个企业就越有活力。

【案例】

　　小王每完成一项工作，发现他的主管都及时地给了令他激动不已的中肯评价，他的积极性特别高。主管说，你只要把现在做好的事坚持每天做好就行，也算是进步了。小王说，我完全可以做得更好。而且我还有新的方式和方法做这项工作。主管听了很高兴，就鼓励小王用新方法来做，结果效率更高了，速度更快了，效果也更好了。这样一个以驱动进步阶梯为主旋律的机制，能够让员工自动自觉地开展创新活动。

　　"地铁式"执行力系统是一个完整的超大系统。所以，每篇文章、每个观点都是互相关联的，如果你恰巧看到了第二十篇，建议你把前十九篇看一下，这是一个完整的故事，缺一篇都不行！

第十九个管理视角：

"地铁式"执行力系统是员工制定薪酬
系统和薪酬调整的重要参考依据。

现有薪酬系统制定是根据岗位价值大小，利用岗位评估
确定价值序列的薪酬制度。而岗位评估价值是根据岗位承担责
任大小、需要知识结构、技术难度等软性指标进行评估的，相
对比较模糊。而驱动"地铁式"执行力系统，岗位价值可以直
接用具体工作进步阶梯来确定岗位价值和工资等级。这样，工
作执行力、绩效和工资就会更紧密挂钩，员工积极性不仅会提
高，对员工的激励作用也会更大。

员工执行力进步多少，绩效改进多少，执行力大厦驱动模
型表现得淋漓尽致，无论是制定工资标准还是何时调整工资都
有了更精确的依据。因此，员工再也不会因为长时间不涨工资
而心情烦闷。

企业也再不会因为找不到依据而无法给员工涨工资。执行
力大厦驱动模型中蕴含的进步程度，完全可以作为员工薪酬调
整的标准和依据。

【案例】

小王进入 E 公司以后，工作执行力和工作绩效一直提升很快。那是因为小王工作好坏，进步快慢，全部写在了执行力大厦驱动模型当中。升到第几台阶，表明能力成长程度，业绩成长程度。公司主管领导给小王定工资和调整工资都是顺理成章的事，拿出小王的执行力大厦驱动模型，工资级别是多少，进步到什么程度再涨工资，小王一目了然，公司主管领导也一目了然。

"地铁式"执行力系统是一个完整的超大系统。所以，每篇文章、每个观点都是互相关联的，如果你恰巧看到了第二十一篇，建议你把前二十篇看一下，这是一个完整的故事，缺一篇都不行！

领导向下级布置工作，可以完全用"地铁式"执行力大厦驱动模型来安排。工作中的计划、实施和最后结果统统都反映在员工每一步进步阶梯上，且留有完整的布置和结果检查记录。

执行力大厦模型记录着每项工作的完成情况，每一个关键环节完成了，都要有领导对员工恰如其分的赏识评价。这个过程恰恰是 ISO9000 国际标准中，控制理念的更精确、更细致的掌控，员工和领导对细节把握想疏忽都没有机会。因为这个机制要求员工和其上级必须全身心认真对待，互相制约。他们互相认真程度是他们更上一级主管检查的标准，实现层层监督，确保领导安排工作落实到位。

【案例】

小王到了 E 公司后发现，他的主管每次布置工作，都直接拿着执行力大厦模型进行安排工作。主管的要求不是哪天把什么事做完，而是这件事做到多好算是进步。并且约定什么时间见证小王的第一个进步阶梯，什么时候见证第二个台阶，什么时候见证第三个台阶，什么时候见证第……个台阶。太具体了，小王说，保证提前做好，并向主管汇报，力求比领导安排的计划提前上台阶。小王的主管领导看到小王的积极性这么高，他很欣慰，由衷地感慨：执行大厦模型真好，用它安排工作，第一，不用担心小王偷懒，第二，还不需要为了执行到位而做很多思想工作。

"地铁式"执行力系统是一个完整的超大系统。所以，每篇文章、每个观点都是互相关联的，如果你恰巧看到了第二十二篇，建议你把前二十一篇看一下，这是一个完整的故事，缺一篇都不行！

第二十一个管理视角：

"地铁式"执行力系统为领导查检工作
提供了更好、更有效的保障机制。

以往领导检查工作只凭个人的喜好，想什么时候检查就什么时候检查，想检查多少就检查多少，想检查多少次就检查多少次，想检查多深，就检查多深，没有制度对这件事进行约束。一切全凭领导的务实程度。如果领导官僚，他就可以不那么务实地检查。

而"地铁式"执行力系统对各级主管领导检查工作有严格的要求，不仅对检查工作有要求，而且对检查的频次、宽度、深度、检查方式都有严格的要求，并留下令人满意的证据才行。而这个证据是对下属工作结果每一个进步阶梯的最恰如其分的赏识，草草应付是不行的，是杜绝所有主管领导官僚的有效保障机制。

作为领导，不仅不能官僚，而且领导检查工作质量同样有要求。领导检查工作质量要体现在评价语言上。要想对下属有务实的评价语言，必须要熟悉下属业务。从这个角度来说，领导安排工作，检查工作，员工执行工作，员工汇报工作，都由一个阶梯将这些管理环节全部一致性地说清楚，有据可查，这是一套完整的机制。

这套机制，让领导轻松，让员工有积极性！所以，"地铁式"执行力系统是一套非常好的领导检查工作方法。

【案例】

小王正忙着，突然公司总监进入办公室，问小王："你第三项工作升到第几个台阶了。"小王回答说："第五个台阶了，下一步马上就升第六台阶了。"总监又乐呵呵地问："有信心吗？"小王说："有我们主管辅导，我信心百倍！"总监说："去把你的执行力大厦驱动模型拿来，我看一下你的主管给你的评语。"小王高兴地给总监敬个礼："没问题，总监，我这就拿来！"

"地铁式"执行力系统是一个完整的超大系统。所以，每篇文章、每个观点都是互相关联的，如果你恰巧看到了第二十三篇，建议你把前二十二篇看一下，这是一个完整的故事，缺一篇都不行！

第二十二个管理视角：

"地铁式"执行力系统是一套有序提升
领导力的有效工具。

领导力提升，如果没有有序的机制进行锻炼和提升，特别
是没有留下规定要有效证据，领导力提升效果不会很明显。

"地铁式"执行力系统驱动的是每个岗位履职能力的进一
步提升，操作者成长到一定程度后，晋升为主管，主管同样有
自己的进步阶梯要求，主管的进步阶梯重点体现在领导力的提
升上。

领导力的有序提升也作为进步阶梯实实在在地铭刻在执行
力大厦驱动模型当中了。这样一个执行大厦成长模型，也即是
领导力提升的有效模型。

这样一个领导力提升模型，用来提升从主管到经理，从经
理到总监，从总监到副总。是一个有序的、统一的、规范的领
导力提升系统，这个系统统一镶嵌在"地铁式"执行力系统模
型当中。

【案例】

  小王在 E 公司经过努力升为主管，在他管理的三名员工中，他们每天一步一个阶梯，小王对三个下属都及时赏识并做出中肯评价，并指出员工下一步努力方向。

  这项硬性要求，使小王领导力提升很快。因为每次在给员工提出进步方向的同时，他先自己做到以身作则，使众人行。

  不久，小王在三个下属当中又培养了一个主管，替代小王的位置。小王的经理因为工作出色得到了晋升，经理位置刚好空缺，经领导综合评价，将小王晋升为本部门经理。

  小王进入 E 公司后，从员工到主管，再到经理，总共还不到三年时间。小王由衷地感慨："地铁式"执行力系统太好了，我无论晋升到哪个岗位，都有一套严格的进步阶梯指引我向更高的方向发展。

  "地铁式"执行力系统是一个完整的超大系统。所以，每篇文章、每个观点都是互相关联的，如果你恰巧看到了第二十四篇，建议你把前二十三篇看一下，这是一个完整的故事，缺一篇都不行！

第二十三个管理视角：

"地铁式"执行力系统为领导继任提供了更有效的保障。

各级领导继任是一个企业可持续发展的重要组织保障。成功的企业、伟大的企业，如华为公司，阿里公司，海尔公司等。这些优秀的企业都有一个共同的成功规律，那就是这些公司的各级领导继任都做得非常优秀。每一级领导晋升了，都有合适的人选进行补位。

"地铁式"执行力系统从领导继任角度来说，是一套很成熟、很完整的领导继任系统。为什么这么说呢？因为执行力大厦的每个层级的员工、主管、经理、总监、副总履职情况和晋升潜力都记录在了执行力大厦驱动模型里面了。各级管理干部成长的进步阶梯全部体现在其中，且有人品大厦同时作为参考，这为各级领导继任工作提供了可视可靠的依据。从而实现领导继任是顺理成章、水到渠成的事，不会有太大的变数风险。从这个角度来说，"地铁式"执行力系统为领导继任提供了更有效的保障。

【案例】

小王是董事长的儿子，未来公司接班人，有了执行力大厦驱动模型。小王大学毕业后进入公司，就按着执行力大厦驱动模型要求，认真努力地爬每一个阶梯，各项工作都升至一定阶梯后，只用了一年多的时间，小王就平稳地晋升为主管。

他的所有进步阶梯记录及主管评语全部写在了执行力大厦驱动模型当中。可以说，他的进步，一步一个脚印，非常踏实。升至主管后，他带的员工也是用这种方法，带出了自己的接班人。这样，不到三年的时间，他很顺利地晋升为经理，又经过一年多的经理履职考核。小王很称职，因为各项工作他只需要升至足够多的台阶后，他的执行力及绩效自然优秀。未来晋升总监和副总也是顺理成章的事。

"地铁式"执行力系统是一个完整的超大系统。所以，每篇文章、每个观点都是互相关联的，如果你恰巧看到了第二十五篇，建议你把前二十四篇看一下，这是一个完整的故事，缺一篇都不行！

第二十四个管理视角：

"地铁式"执行力系统为组织变革提供了更可具操作性的工具。

组织因战略发展需要发生变革或需要转型时，"地铁式"执行力系统的岗位执行力大厦驱动模型，会很好地将新组织战略及职能消化落实到具体执行力大厦驱动模型当中。按照常规方法进行驱动就行了，只是战略目标输入信息不同而已，员工和各级管理干部驱动进步阶梯流程更轻车熟路。

相比没有此工具的组织变革，效果会更好，风险也更低一些。

【案例】

新战略、新任务对于一个有过执行力大厦驱动历史的企业来说，是一件非常容易的事。只需要把任务层层分解，由各级主管按照执行力大厦驱动模型要求落实到每一个进步阶梯当中。员工轻车熟路的几次进步就将公司新的战略目标提前完成。实现战略落地，文化生根，解放总经理工程，解放各级管理干部。

　　"地铁式"执行力系统是一个完整的超大系统。所以，每篇文章、每个观点都是互相关联的，如果你恰巧看到了第二十六篇，建议你把前二十五篇看一下，这是一个完整的故事，缺一篇都不行！

第二十五个管理视角：

"地铁式"执行力系统是对员工档案增加员工执行力记录的最新要求。

以往员工档案只要求员工入职时的基本概况就完了。中国"地铁式"执行力系统对员工档案有了最新要求，除原有的记录档案外，现在增加执行力大厦模型作为执行力档案写入员工档案中。

从入职开始，他每一个进步阶梯，里程碑全部记录在案。包括领导对员工进步的每一次赏识评语记录，一个都不能少，全部记录在员工档案之中。

一个员工他在专责阶段、主管阶段、经理阶段、总监阶段、副总阶段，完整的职业生涯全部记录在案。执行力大厦驱动模型，记录了一个员工完整的职业生涯历程！

到今天为止，任何一本管理书籍都没有对一个岗位履职执行情况用模型形式进行描述。中国"地铁式"执行力系统是第一个将管理员工和干部用模型形式进行记录的系统。这是对一个员工工作最负责的表现，也是对员工职业生涯最负责任的表现。

为什么这么说？因为每个员工在一个公司供职，不管是三年，还是五年，还是更长，或者更短。如果没有一个详细的执行力记录，就只剩下每个月干点活，开点工资，心情不爽了，"抬屁股走人"！这样的现状是：员工内心失落，企业也失落，其结果是双输！从这个意义来说，一个企业，一定要有详细的执行力记录，这样对员工是负责任的，对企业也是负责任的。

所以，我强烈建议，公司管理职能中，一定要把执行力大厦模型加入，企业一定让员工建立执行力模型记录，作为员工在企业成长完整执行力档案。

特别是这样做，员工有心气，团队就有心气，企业也更有心气！从这个意义来说，企业经营的是心气！

【案例】

小王进入 E 公司后每一次进步，每爬上一个台阶，执行力大厦驱动模型都有记载，并且还有上级主管的中肯评价，评价之后还有下一步切实的努力方向。这些都写入了小王的进步档案，一个月一归档。

后来小王升到主管、升到经理、升到总监、升到副总，他在 E 公司所有的奋斗历程都写在了执行力大厦驱动模型当中。

这些执行力大厦驱动模型所有总数构成了小王的执行力档案。这个档案将跟踪小王一辈子，无论他继续在公司供职，还是另谋发展，公司都给小王完整地保存着执行力记录。如果小王离职，公司就备份一份档案留存公司，原件让小王自己带

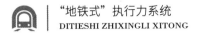
走，让他在其他公司应聘时，展示给对方公司领导看——这是小王上一家公司给做的执行力档案，真实可信。

"地铁式"执行力系统是一个完整的超大系统。所以，每篇文章、每个观点都是互相关联的，如果你恰巧看到了第二十七篇，建议你把前二十六篇看一下，这是一个完整的故事，缺一篇都不行！

第二十六个管理视角：

"地铁式"执行力系统是处理员工关系的最新要求。

在企业里，员工关系是一件较复杂的事。可以这么说，员工关系好的企业，基本都是一个原因。员工关系不好的企业，"各有各的不幸"。也有点像家庭，幸福的家庭只有一种，不幸的家庭"各有各的不幸"。

也就是说，影响员工关系的因素很多。其中有一种关系，比如，上下级关系就比较复杂。有时候员工不愿意上班也是因为上下级关系不是"很爽"，一想到这些，员工上班都"头痛"。或者是员工很爱这个企业，但突然就离职了，很多时候都是因为直接上级的原因。"员工因企业而来，因上级而走"，可能就是这个原因。

大部分企业都很忙，好像无暇顾及"这些小事"。而往往这个员工关系就深深地制约着中国企业的执行力现状。

很多员工离职可能不是因为工作不优秀，而是因为上级经常给他穿"小鞋"，或部门关系不好处等。

而"地铁式"执行力系统主张的承认和赏识原则是改善这

个关系的法宝。上级通过赏识下级的不断进步阶梯，让下级更有成就感，更有积极性，进步有阶梯，努力有劲头，幸福在路上，这样一来，上下级关系就处得好多了。

而部门之间的关系的和谐性"地铁式"执行力系统也有专门的驱动。比如，"你如果不是为客户提供服务，那么你就是为提供服务的部门提供服务"。也就是职能部门都是为业务部门服务的，职能部门岗位进步阶梯努力方向一定是让业务部门满意的！

我们说服务的最高目标是服侍！因此驱动进步阶梯的最高目标就变成服侍了！业务部门还不高兴吗？他一高兴，拼命做业绩，他们的业绩大厦突飞猛进！于是公司业绩指标也会爆发式增长！

公司领导非常高兴，问：为什么营销部门战斗力这么强，像狼一样！

业务部门领导说：那是因为职能部门做的服侍工作太到位了，我们做不好业绩，对不起他们啊！他们太让我们感动了！

听到业务部门由衷的感激，职能部门所有的员工也流下了幸福的眼泪！

你们说："这样的员工关系，人际关系能不好吗？"

可以这么说，"地铁式"执行力系统，是改善员工关系的法宝！

【案例】

小王入职 E 公司后，一直担心自己的表现不理想，很快被公司炒鱿鱼。令他没想到的是，他的主管拿着一个叫执行力大厦驱动模型给他安排工作，每一天的工作做到什么程度，非常清晰。并且每一次进步，小王都马上找到主管进行汇报，主管很高兴，中肯地表扬小王进入角色很快，进步也大，上下级关系很和谐。

最让小王惊讶的是他到哪个部门办事，这些部门都很配合，还跟小王开玩笑说，"你今天办完这件事就升第几台阶了"？小王说，"我该升第三台阶了"。小王受雇过五六个企业了，这是他一生中供职的最好的企业，员工关系好极了。

"地铁式"执行力系统是一个完整的超大系统。所以，每篇文章、每个观点都是互相关联的，如果你恰巧看到了第二十八篇，建议你把前二十七篇都看一下，这是一个完整的故事，缺一篇都不行！

第二十七个管理视角：

"地铁式"执行力系统是对行政例会的
最新要求。

行政例会是例行公事，是解决公司整体效率问题，是最繁杂而又对主持会议者能力要求极高的一个执行环节。而这样一个有效的行政例会，却因为很多公司找不到问题的症结所在，反而把一个公司的行政例会变得更没有效率了，适得其反了。

其实我们完全可以通过有序的安排，降低主持人的能力要求，且让会议更有效。这个功能就是"地铁式"执行力系统里的执行力大厦驱动模型里对各岗位工作进步阶梯已经求极限了，拿到行政例会上要讨论的工作就会减少很多，难度系数也会降低很多。

管理者最怕没问题找问题了！到最后是为了找问题而找问题了！其实，有了"地铁式"执行力系统，就可以相信，如果没有问题了，就不要为了找问题而找问题了。（我见过很多老板都是为了找问题而找问题啊！如果不找出点问题，就感觉管理干部没发挥作用！其实这是不正常的。）

没问题找问题，这样企业内耗很大。其原因就是没有一个可以相信的系统能够说得清楚，各部门各岗位的事情是否都认真地做了，是否做到位了。而"地铁式"执行力系统，推动进步阶梯的过程，就是不断找新问题并解决新问题的过程。而解决的新问题又体现在员工的进步阶梯上，员工不断地进步，问题越来越小，相当于求问题极限了。

【案例】

小王进入 E 公司后，发现行政例会很少。即使开会，也是简单对接一下信息就完了，看不到各级领导在长篇大论，没完没了。但是公司整体效率很高，各级领导安排的事情，都变成员工进步阶梯求极限了。每个员工的能力和绩效都被"地铁式"执行力系统以最大潜力挖掘了，各岗位员工都很优秀了。所以，行政例会召开得就很良性，效率很高，不占用大家更多时间"进行例行公事"。

"地铁式"执行力系统是一个完整的超大系统。所以，每篇文章、每个观点都是互相关联的，如果你恰巧看到了第二十九篇，建议你把前二十八篇都看一下，这是一个完整的故事，缺一篇都不行！

"地铁式"执行力系统是对工作总结的
最新要求。

　　工作总结是每个公司月末或年末或项目结束时必写的一份报告，只要是管理的公司，都会要求员工经常写工作总结。而对于员工来说，写工作总结是员工最不愿意做的工作，大部分员工采取态度都是能应付就应付，能躲就躲过去的一项较没味的工作，都觉得没什么值得写的。有的员工甚至到网上找一个相近的模板改一改就应付差事了。各级管理干部也是应付公司要求，将工作总结收上来放到那就算结束了。很少有时间详细看，更别说认真批改了。

　　而"地铁式"执行力系统让工作总结变得更简单，更有内容，因而更有情趣可写。

　　执行力大厦驱动模型要求的工作总结重点是盘点自己爬进步阶梯的真实感受和进步经验。这种工作总结不能应付，而是要总结出成就感来。特别是工作总结本身也是进步阶梯的一部分，文字要生动，情节要有感染力。工作总结水平也是一种进步阶梯的表现。

特别是对自己做好后，其主管恰如其分的赏识感受。这也是体现工作绩效的一个重要环节，全部要进入自己的人生档案，不能胡来。人生没有彩排，每一步都是在自己导演，认认真真导演自己的剧本，让工作、让生活变得更有意义。

【案例】

小王写过很多工作总结，基本都是应付了事。但进入 E 公司后，这次是在"地铁式"执行力系统驱动下完成的。小王感觉，原来写总结就是应付领导，应付公司，这次写的却是他的真情实感。

因为他为了爬上每个进步阶梯，用心良苦，刻骨铭心。他把自己进步台阶上的每个绩效指标，是如何实现的，遇到了什么困难，采取了哪些方法，是如何突破自己的。特别是他把在教练技术课堂上学到的克服困难的方法和经验，全部在工作总结中写出来了，真正的学有所用。

小王在工作总结中写道，"地铁式"执行力系统是最好的执行力系统，特别是像教练技术、思维导图等管理技术课学完后，在有"地铁式"执行力系统环境下的公司里运行，是最有用武之地的，是最有成就感的。所以，这次小王交上的工作总结，是公司所有员工中写得最生动、最有借鉴意义的员工之一。

也是因为本次工作总结写得精彩，小王执行力大厦又上了一个台阶。

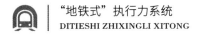
　　“地铁式”执行力系统是一个完整的超大系统。所以，每篇文章、每个观点都是互相关联的，如果你恰巧看到了第三十篇，建议你把前二十九篇都看一下，这是一个完整的故事，缺一篇都不行！

第二十九个管理视角：

"地铁式"执行力系统是一套基于承认和赏识的流程系统。

近年来，社会很是流行赏识教育的观点，很受社会大众认可。赏识教育是世界著名的六种教育方法之一。赏识教育是周弘老师提出来的，它与人民教育家陶行知的教育思想是一脉想通的。周弘老师曾用这种教育方法将双耳全聋的女儿周婷婷培养成了留美博士生，并用这种理念培养了一大批"周婷婷"，被新闻媒体称为"周婷婷现象"。

周弘老师的课程很受社会欢迎，他在全世界范围内进行授课，广泛宣传赏识教育。经常听他的课的学员有三类，一类是家长，一类是老师，一类是企业家。

也就是说，除了用于教育外，从事企业管理的老板们也认同赏识教育理念在企业管理中的作用。用赏识教育理念打造团队的一些企业家，他们发现，赏识教育不仅能提升其执行力，更能提升团队绩效，还能改善员工关系和企业文化氛围等。

而"地铁式"执行力系统在认识到赏识教育的巨大优点后，也发现了推动赏识教育更好的、更有序的契机。也就是说，"地铁式"执行力系统把赏识教育安排在每一个进步阶梯之后，让其主管对下属的进步进行赏识。小进步，小赏识。大进步，大赏识。小进步直接上级赏识。大进步，上级的上级赏识。更大的进步，由公司总经理或董事长赏识。有级别，有标准，有流程的有序组织安排，并且在公司里推动赏识文化，让赏识教育成为推动员工执行力和提升员工绩效的最大动力。

【案例】

小王进入E公司后，在专责阶段，每一个进步阶梯，都得到了主管的赏识。小王晋升为主管后，他就开始对他的下属专责进行有序赏识。同时，他的主管工作还会得到经理的赏识。以此类推，小王发现，E公司从总经理到员工，都认真贯彻赏识教育理念，公司文化氛围非常好，各级员工和各级主管工作积极性都很高，公司员工流动度也很小，阶梯赏识文化让员工和公司都受益匪浅。

小王的办公室和家里都摆满了各种荣誉奖杯和荣誉证书。公司不仅有精神层面的赏识，更有物质方面的赏识，他的奖金和工资提升速度也很快。据说，公司很快就要上市了，到时小王还能拿到公司一定比例的原始股。每天看到这些，想到这些，小王心里都有说不出的高兴。

"地铁式"执行力系统是一个完整的超大系统。所以，每篇文章、每个观点都是互相关联的，如果你恰巧看到了第三十一篇，建议你把前三十篇都看一下，这是一个完整的故事，缺一篇都不行！

第三十个管理视角：

"地铁式"执行力系统是一套团队建设的最有效工具。

"地铁式"执行力系统建设的团队是一个可以持续创造奇迹的团队建设工具。

因为他的目标定得不高，很容易实现。所以，团队成员都愿意去实践一个非常容易的目标。但是，不断求极限的目标可是一个比大目标还大的目标，他是人们想象不到的最终结果。

员工因进步而得到的赏识，并不断沉淀在自己的执行力大厦中的成就感，使得公司所有机制系统得到贯彻而变得异常有生命力。从而企业机制系统不再是一个死系统，而是一个有灵魂、有生命力的机制系统！

有人说，团队没有目标就是团伙。其实，团队现在都有目标，这一关都过了。但团队光有大目标，挂"大挡，五挡"，没有"小挡，一挡"，一个团队还是有这样或那样的问题。所以，到今天为止，给团队每个成员挂上"小挡"就成了这个团队是否成败的灵魂机制了。

这样有灵魂的机制系统可以驱动一个企业变成狼性团队，

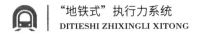
变成一个不断突破自己、不断创造奇迹的团队。

【案例】

　　小王进入 E 公司，这家公司团队建设是用"地铁式"执行力系统打造出来的。部门团队目标直接分解到小王的每个进步阶梯里面，小王每一次进步，都有直接上级承认和赏识，小王很快就融入了组织。在主管的不断赏识下，小王不断超越自己的目标。而本部门其他员工也都像小王一样，不断突破自己，不断超越目标，团队的每个成员都能看到公司文化墙上各自的执行力大厦阶梯，你追我赶，谁都不肯落后一个台阶，披荆斩棘，每个月都创造了新的奇迹。到年末，盘点各部门团队业绩时，小王所在部门被评为"战狼队"荣誉称号。

　　"地铁式"执行力系统是一个完整的超大系统。所以，每篇文章、每个观点都是互相关联的，如果你恰巧看到了第三十二篇，建议你把前三十一篇都看一下，这是一个完整的故事，缺一篇都不行！

第三十一个管理视角：

"地铁式"执行力系统是一套新的有灵魂的工作标准。

原工作标准系统是静态的，包括产权管理系统、战略管理系统、组织管理系统、营销管理系统、产品提供管理系统、人力资源管理系统、激励机制管理系统、财务管理系统、公共关系管理系统、行政管理系统、管理监督系统和企业文化系统等。看似已经比较全面，但运作起来仍然缺乏灵魂，每个岗位没有进步阶梯，执行力没有沉淀，没有承认赏识系统。

"地铁式"执行力系统做到了这一点。他是把进步阶梯和赏识教育有机地沉淀在每个岗位执行力系统里了。一个员工进入一个企业，不管他隶属于哪个系统员工，他总共做了多少事，做得怎么样，直接上级评价如何，上级的上级评价如何等全部记录并归入工作标准中，使公司管理生产线有一个贯穿始终的灵魂。这是一个最新的、有灵魂的企业工作标准，也是一个龙骨机制。

【案例】

小王到 D 公司都三年了，每天按时上下班，但他不知道自己的工作到底干的好坏。他每天都觉得跟这家公司没什么关系，他向高山喊，没有回音；他向大地喊，没有回音；他向大海喊，没有回音，这样的组织就像一潭死水。

没办法，一次偶然应聘，他来到了 E 公司。他发现 E 公司不仅制度健全，而且这些制度与小王有关的部分全部写进了小王的执行力大厦驱动模型里了。小王按着主管给他的进步阶梯，每一次进步，都得到了中肯的赏识。小王的积极性来了，每天最高兴的事情就是要上班了。他感觉 E 公司就像家一样，那些制度不是死死地套住自己，而是像有生命、有灵魂一样，因为执行规则，小王得到的是赏识，是成就感。

小王在一次颁奖大会上说，公司待我这么好，我没有理由不执行好公司的任何一项标准和规则。

"地铁式"执行力系统是一个完整的超大系统。所以，每篇文章、每个观点都是互相关联的，如果你恰巧看到了第三十三篇，建议你把前三十二篇都看一下，这是一个完整的故事，缺一篇都不行！

第三十二个管理视角：

"地铁式"执行力系统是真正的经营人
心工程的法宝。

刘一秒老师说过，真正为企业操心的员工才是最好的员工，是最忠诚的员工。而这样的员工却不好找。从某种意义来说，一个企业有忠诚员工的多少，是一个企业的财富。

当代社会现状是，企业里忠诚员工越来越少，这是普遍企业家的共识。我在为企业做管理顾问时，经常听到企业老板由衷感慨：现在让员工忠诚怎么这么难呢？尤其"80后"和"90后"，甚至是"00后"，离职时没有任何理由，或者说："世界这么大，我想去看看"，已经成为社会流行语了。这些现象足以说明，员工对企业忠诚度不高已经是一种普遍社会现象了，很多企业家已经见怪不怪了。他们已经觉得这是社会趋势，努力也起不到多大作用。

而如果在企业里导入"地铁式"执行力系统，或许可以让员工忠诚度方面有所改善。

因为在企业里引入"地铁式"执行力系统，驱动每个岗位员工进步阶梯，并沉淀在自己的执行力大厦里。员工因为自己的执行力大厦而有成就感，因为自己精心积累的大厦而骄傲！因为这个大厦阶梯的多少，直接影响着员工的工资级别、员工的奖金、员工的晋升和员工的职业生涯。所以，员工自然会尽心尽力爬上新的台阶。这种上台阶就是尽职、尽责求极限，表象上就会体现为：员工加班加点为企业操心，整体上体现为员工很忠诚。

所以，从这个意义来说，引入"地铁式"执行力系统，将会批发大量不忠诚员工变成为企业操心的员工，员工不是不愿意为企业操心，而是员工操心了有什么好处一直没有量化。

而一旦没说清楚，员工操心了又没什么好处，只要有其他诱惑，员工就不会为企业操心了。那么，员工的心肯定就不会在这里了。

"地铁式"执行力系统驱动的是员工进步阶梯，员工为企业操了多少心全部记录在了进步阶梯里，所有人都能看得到。

他只要多做一点，多进步一点，就会得到持续不间断的赏识。这样他就没有理由不再会不给自己的成就大厦添砖加瓦，员工的心自然就在企业当中。

所以，从这个意义来说，"地铁式"执行力系统是真正的经营人心工程的法宝。

【案例】

小王进入了E公司，发现他所有的进步过程都被锁住了，想不进步都不行，时间长了他的心已经被这家公司给锁住了。

他深深地感觉到，这家企业经营的不是产品，而是人心！

把进步阶梯给锁住，一个人的心也就锁住了，想跑都跑不了。

人心在哪里，就在进步阶梯带来的期望中！

"地铁式"执行力系统是一个完整的超大系统。所以，每篇文章、每个观点都是互相关联的，如果你恰巧看到了第三十四篇，建议你把前三十三篇都看一下，这是一个完整的故事，缺一篇都不行！

第三十三个管理视角：

　　"地铁式"执行力系统是一套更有核心竞争力的软实力装备系统，更是原有软实力的一种升级。

　　企业软实力装备是企业无形资产的重要组成部分，更是企业品牌溢价的核心内容。现代企业是否值钱，已经不仅只看固定资产了，更重要的是看企业的软实力装备。例如，这家企业的服务好不好；这家企业的信用好不好；这家企业的口碑好不好；这家企业的产品好不好；这家企业的售后好不好；这家企业的文化好不好等。这些内容都关乎一个企业的软实力建设，我们又可以称其为软实力装备。

　　可以这样说，一家企业的品牌价值到底是多少，就看这家企业软实力装备水平了！

　　软实力装备这个词是近些年才提出来的，时间不是很长，是发展比较好的企业开始注重企业品牌价值时才出现的。其出现的主要核心就是如何让企业值钱，企业做到哪些方面，这个企业才能"卖上价"。

　　对于软实力装备，其实一般企业都是在做表面文章。稍好一点的请咨询公司做一下视觉识别系统，提炼一下核心价值观，确定一下梦想、使命和愿景，也就是基于企业文化的管理理念。

而"地铁式"执行力系统是在以上软实力装备基础上再上一个台阶。它是把软实力装备系统理念落实在了员工进步阶梯里了，驱动员工进步阶梯，直接驱动了软实力不断升级。

"地铁式"执行力系统是软实力装备的内核，是灵魂，是从内核向外辐射的有机凝聚力的软实力装备系统。越驱动内核，企业凝聚力越大，因而软实力越强。

【案例】

有一家民营企业，公司坐落于北方一个三线城市工业园区。其环保地板产品，申请多项韩国专利，产品很具有核心竞争力，生产和销售都没问题。但无论是开展会，还是营销谈判等，老板总是觉得这些副手们上不了大雅之堂。

简单地说，就是他的管理团队能下"厨房"，在工厂、公司里都没问题。但就是上不了"厅堂"，在企业里都很优秀，但进入发达地区市场，谈判水平、交流水平很不对等，老板很是发愁，不知道从哪去抓这件事。

其实这就是一个典型的软件实力装备问题，如果这些管理干部建立了自己的进步阶梯驱动系统，他们的谈判水平、整体档次很快就能提升到老板想要的高度。

相反，不建立以驱动进步阶梯为主旋律的"地铁式"执行力系统，你抓哪都觉得抓不到"痒处"。

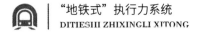
　　“地铁式”执行力系统是一个完整的超大系统。所以，每篇文章、每个观点都是互相关联的，如果你恰巧看到了第三十五篇，建议你把前三十四篇都看一下，这是一个完整的故事，缺一篇都不行！

第三十四个管理视角：

"地铁式"执行力系统是起到对企业交接工作的历史传承作用。

一个企业各个岗位工作前后历史都是有一定连续性的。一般来讲，每个岗位工作人员都发生过人员更替，工作都有过前后交接的过程。但这项工作有的企业做得好一些，有的企业做得就不理想，甚至断层，给企业的延续性工作带来了较大麻烦。

有的岗位晋升是良性的。这样的背景，交接工作会很负责任，交接也会较详细，甚至会带后面接替人员一段时间。

而有的岗位更替是恶性的。是此岗位人员不称职，或犯了错误，被公司开除了。这样的人，一般是不会把手头工作及以往沉淀的经验，很好的、很负责地交接给下一任的。

基于以上现状，企业各岗位交接工作基本依赖离职人员的"人品"了！

而有了"地铁式"执行力系统，这项工作就是在一定程度上保持相对较完整的交接和延续。每个岗位的更替，基本不会出现断层了，前后交接人都有历史的延续性。

工作交接最主要交接执行力大厦驱动模型，大厦模型是交接工作的龙骨，这个龙骨牵动着整个工作的延续。

与执行力大厦驱动模型有关的进步资料都会留下来归档，后来者想知道前岗位的工作进步情况，查询一下执行力大厦驱动模型记录，前面的工作将一清二楚。

所以，有了"地铁式"执行力系统，对一个企业的历史传承起到了很大有益补充。

【案例】

小王在 E 公司升职了，他工作交接时，按照执行力大厦驱动模型顺序，将所有资料都交给了下一任。下一任说：这是我接到的最好的、最完整的交接方式。资料中连小王如何成长的记录及其主管对小王的各阶段成长评价都有了，太详细了。

"我今后不仅要像小王一样成长那么快，还要超过他"！继任者感慨地说。

一个简单的执行力大厦驱动模型，记载了每个岗位的传承。同时，也记载了这家企业的历史传承。

"地铁式"执行力系统是一个完整的超大系统。所以，每篇文章、每个观点都是互相关联的，如果你恰巧看到了第三十六篇，建议你把前三十五篇都看一下，这是一个完整的故事，缺一篇都不行！

第三十五个管理视角：

"地铁式"执行力系统，实际上是一套员工呵护系统。

在各个企业供职的员工，某种程度上都是弱势群体的表现。也因此，劳动合同法出台时，其中一个很重要的目的就是保护员工的利益，让员工的利益不受侵害。

但是，劳动合同法也是有限的。除非很出格的不公平，又可以量化被侵害价值，员工才能拿起法律武器保护自己。而一般情况下，很多员工利益受损了，考虑到维权的困难和漫长，员工也就不去维权了。

基于此现状，对员工的呵护，最好的方法就是累积执行力大厦模型！

因为执行力大厦以最大可能详细地体现了员工对工作的执行情况、绩效情况和进步情况等。有了执行力大厦，企业所有的管理机制都根据执行力大厦而确定。

基于此，员工会像珍惜生命一样珍惜自己的执行力大厦模型，那就是自己的生命！

日后职位晋升要靠它、涨工资要靠它、评优秀要靠它。执行力大厦驱动模型里写满了一个员工的付出、员工的辛苦、员

工的贡献、员工的进步、员工的成长、员工的业绩！所以说，
"地铁式"执行力系统，是呵护员工的最佳管理工具。

【案例】

小王进了一家运行"地铁式"执行力系统的 E 公司。他发现，这家企业不关注他多少业绩，不关注他挣多少钱，多少绩效工资，只关注他进步了没有。

他的每一次进步，他的主管上级都非常及时地给予肯定和赏识，这可让小王心花怒放。这一关注，小王进步太快了。每一项业务，很快就能熟悉起来，当他已经没有再进步的可能的时候，他的主管又给他指引了新的进步阶梯，新的努力方向，使他又茅塞顿开！

他新一轮的成长就又开始了。就这样他的业绩一次一次地突破，他的薪水也一次又一次地增加。

后来他发现，不仅仅是他，他们部门所有同事都是这样。他又发现，他们公司经营业绩成倍地增长，但是公司并没有让他们树立多大的目标，而是每天只需要进步一个台阶就行。

从这个意义来说，对员工最好的呵护，就是呵护他的进步阶梯。

"地铁式"执行力系统是一个完整的超大系统。所以，每篇文章、每个观点都是互相关联的，如果你恰巧看到了第三十七篇，建议你把前三十六篇都看一下，这是一个完整的故事，缺一篇都不行！

第三十六个管理视角：

"地铁式"执行力系统是真正的关注员工，即真正的关注客户。

每个员工要么是"直接为顾客提供服务"，要么是"给提供服务的人提供服务"。

"地铁式"执行力系统记录了员工为客户服务的勤奋，为客户服务的执着，为客户服务的坚持，为客户服务的努力，为客户服务的贡献，……都写在了执行力大厦驱动模型里面，所有这些都得到了上级主管和企业的及时赏识。员工也因此积极性变得很高，他们没有理由不愿意为客户提供更好的服务。无论是外部客户，还是内部客户！

从以上意义来说，要想真正的关注客户，或更好的关注客户，要从细致入微的关注员工开始。用全部的爱关注了员工，关注了员工服务客户的全过程，以及关注客户的深度的进步，员工自然就呵护好客户了，客户呵护好了，公司业绩自然就好了！

【案例】

小王新加盟了一个手机店,按照销售流程,他第一天先学会了"欢迎光临"。这对他来说是很大的突破。

按照执行力大厦模型要求,他相当于爬上了一个台阶,进步了,他在执行力大厦模型上写下:我突破了自己,大声喊出"欢迎光临"四字。他的直接上级柜长当天在小王的模型上写下,"很勇敢,非常好"。

小王收到柜长的鼓励,很是兴奋地跟柜长说,"明天我想再次突破自己,问询顾客,并把他带到指定的柜台"。结果第二天,小王又实现了突破,他说完"欢迎光临"后真的问了顾客需要哪个品牌手机,并把顾客带到了指定的柜台。然后,他在执行力大厦模型上写下了询问顾客,并带到指定的柜台。柜长也在评价栏目上写下:"你真的很不错",看到评语,小王高兴地跟柜长说,"明天我争取能够学会介绍一款手机"。柜长说,"好好干,我跟你一起见证奇迹"。

小王头天晚上,详细地把苹果6手机说明书看了一遍,又回忆了老师讲的相关内容。在小王的精心准备下,他除了完成前两项基本工作外,还顺利地成交了一款苹果6手机。顾客还表扬小王,说他待人真诚、热情、服务好!小王说:"这都是柜长及时的鼓励和赏识,才让我有了信心,每次的突破,我都很有成就感,柜长的肯定,让我有很高的荣誉感,我对顾客的每一分好,每分进步,都是怀着极大的热情,我愿意做得更好一点!我做好了,有荣誉,有成就感,我要千方百计地为顾客再多做一点!"

这就是，领导关注员工越细，员工关注顾客也就越细；顾客被关注得越细，感觉也就越好，有一种回到家的感觉。这样顾客就愿意回头，回头多了，店面业绩自然就好了，这是一个很现实的良性循环的案例。

而这个案例最本质的原因却是执行力大厦驱动模型的作用所带来的。

大家请看，如果没有执行力大厦模型阶梯式的进步要求，柜长开早会，就强调一下：要对顾客好一点啊，多卖点，多冲点业绩，冲了业绩有奖啊！至于谁问顾客好了没有，谁关注顾客多少，他不去管，结果员工都为了成交，冲业绩，基本工作没人去做，整个氛围都是在抢单，顾客感觉能好吗？

所以，问题的核心，在于柜长关注员工进步阶梯的细致程度。员工的每一个进步都被呵护，有成就感、荣誉感，他自然就做得更好！而最终的业绩是水到渠成的。

所以，柜长的工作最核心的应该是关注员工的进步阶梯程度！

这是管理的最根本所在，动力源所在。

管理发展到今天，应该有一个必须做的一项。那就是管理内核，进步阶梯记录加承认赏识记录，累积成一个执行力大厦，企业就是要为这些执行力大厦颁毕业典礼奖而存在的。企业的重点一旦做到了这一点，那么其他一切将会捎带而来。

比如：业绩、绩效、员工成长、队伍建设、团队建设、企业文化建设、产品质量的提升、服务品质的提升、企业健康成长、选人、育人、留人、领导继任等，全都捎带而来。

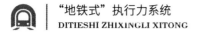
从这个意义来说，我们已经抓到了管理的核心内容。

"地铁式" 执行力系统是一个完整的超大系统。所以，每篇文章、每个观点都是互相关联的，如果你恰巧看到了第三十八篇，建议你把前三十七篇都看一下，这是一个完整的故事，缺一篇都不行！

第三十七个管理视角：

"地铁式"执行力系统是人力资源和非人力资源工作的共同的交集。

随着现代企业管理的发展，很多管理工作分化越来越细。比如：人力资源管理和非人力资源工作现在已经分得很清楚了。人力资源管理工作最基本的要属招聘管理和薪酬管理工作，再大一点企业，会开展培训和绩效考核工作，或更前沿一点叫绩效管理工作。再详细一点加上一些辅助工作，如考勤管理、档案管理等，还有的企业将组织管理也包括在人力资源管理中。

分的最清楚的则包含领导继任、组织变革等国际最佳实践十七门功课人力资源管理工作。在这里不一一详述。

而非人力资源管理工作就是除了以上提到的十七门功课外的所有工作，都称为"非人力资源工作"，简称"非人工作"。

"地铁式"执行力系统是融合绩效管理工具、薪酬管理工具、培训管理工具、招聘管理工具、档案管理工具、领导继任管理工具等的人力资源管理和非人力资源管理工具的共同交集的最核心的原动力驱动工具，是一个共同的管理机制，一把统一的尺子。有了这把尺子，各个管理体系既得到了共同的交

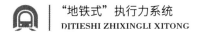
集，又得到了共同的原动力，还拥有了共同的驱动节奏，因而实现了形散而神不散！

【案例】

现在市面上讲非人力资源的人力资源管理。其实，可以用执行力大厦驱动模型，将人力资源管理理念和工具在业务部门和职能部门内具体体现。

小王刚来到 E 公司综合部，经过简单培训后，看到自己桌面上有一个执行力大厦驱动模型，上面写着自己的名字，总共有五项工作，每天进步多少在模型中已经有阶梯表述。

小王拿到后，根据执行力大厦驱动模型介绍，很快进入角色，完成每项工作，马上找到主管上级。主管看后，给予了及时而又恰当的评价和赏识，并提出了下一个阶梯的要求。

小王工作得到了肯定，积极性很高，一天下来，有三项工作进步了两个阶梯。下班时，主管给予他高度赞扬。

小王高兴地走在下班的路上，他心想，上班三年来，这是进入角色最快的一次。看来，融入一个组织，其实也不难。有了中国"地铁式"执行力系统，人力资源部门和业务部门配合更紧密了。

"地铁式"执行力系统是一个完整的超大系统。所以，每篇文章、每个观点都是互相关联的，如果你恰巧看到了第三十九篇，建议你把前三十八篇都看一下，这是一个完整的故事，缺一篇都不行！

第三十八个管理视角：

"地铁式"执行力系统是一套可以让自己手下超过自己能力的系统。

一个企业里面，最难的就是下属超过上级，很多下属还没来得及超过上级的时候，就被他的上级主管找个理由给他"干掉了"。

"地铁式"执行力系统，可以量化地记录下级进步的情况，他何时超过上级，执行力大厦模型中记录得清清楚楚。

主管也不要担心下级超过上级而有压力，丢了饭碗。

在"地铁式"执行力系统里，下级能力超过上级，第一功臣是他的主管上级。因为是他的承认赏识工作做得好，做得有效，才使下属很快超过自己，公司因为培养下属有效，要给主管授予特殊勋章。这种勋章在公司绝无仅有，是一种更加独特的荣誉。

【案例】

小王进入 E 公司后，在执行力大厦驱动模型的作用下，不断得到承认和赏识，进步速度特别快，很快，小王的大厦模型

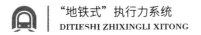
数量就超过了他的主管。E公司因为小王的进步速度超过了主管，特地召开了一个会议，为小王的主管颁发了一个培养人才突出贡献勋章。

"地铁式"执行力系统是一个完整的超大系统。所以，每篇文章、每个观点都是互相关联的，如果你恰巧看到了第四十篇，建议你把前三十九篇都看一下，这是一个完整的故事，缺一篇都不行！

第三十九个管理视角：

"地铁式"执行力系统是一种无效工作的有效减少。

很多企业有很多无效工作，因而效率不高。老板因此煞费苦心设计很多管理活动，但收效不是很明显。华为公司任总称其为"赘肉"。

其实大可不必了。今天有了"地铁式"执行力系统，会很大程度地解决这个问题。

因为"地铁式"执行力系统是一个认认真真、实实在在地关注员工实际工作、实际绩效、实际执行力、实际细节的工具，离开实际的、任何虚夸式的空谈在这个工具面前都显得非常苍白无力！

很多"真相"自动被"揭穿"！特别是那些只修"信息墙"而不干实际工作偷奸耍滑的员工，有了"地铁式"执行力系统机制，各级主管直接检查进步阶梯完成情况，想官僚就比较难了！想工作无效也比较难了！

"地铁式"执行力系统使公司务实文化扎根落地。

各级管理干部和员工都务实，自然减少了很多无效工作。

用"地铁式"执行力系统可以很好地落实各项企业管理职能。特别是集团公司，管理层越多，无效工作相对就越多，越是需要"地铁式"执行力系统来夯实！

【案例】

有一家物流公司，中层干部在老板眼里总是无作为，总感觉管理干部效率太低。

于是总监们和经理们就不停地召开长尾会议，没完没了，会议没什么结果，为了开会而开会，其实都是无效的工作。

像这样的公司导入"地铁式"执行力系统后，驱动以进步阶梯为主旋律的"地铁式"执行力系统，企业就有了龙骨管理内核，有了管理沉淀，企业因此而有了灵魂。这样企业围绕着内核开会，工作有效性就好得多！文化越来越和谐，员工越来越敬业，越来越有成就感，荣誉感，企业因此走上有效工作良性循环！

后来老板发现，有了"地铁式"执行力系统龙骨，各个岗位只需要添砖加瓦即可，不需要太多的会议！也不需要重新发明更多的"轮子"！所以说，"地铁式"执行力系统，是减少无效工作的有效工具。

"地铁式"执行力系统是一个完整的超大系统。所以，每篇文章、每个观点都是互相关联的，如果你恰巧看到了第四十一篇，建议你把前四十篇都看一下，这是一个完整的故事，缺一篇都不行！

第四十个管理视角：

"地铁式"执行力系统是让企业里"南郭先生"尽早水落石出的有效机制。

很多企业内部经常有很多"南郭先生"，这样的"人才"在企业里不干活，浮于表面，还到处挑干活人的毛病。但如果让他自己来干，可能还不如人家。企业里这样的人明显地在骗"工资"！

所以，我所顾问的企业老板，经常问我："某某管理干部行不行？如果不行，我们就赶紧换掉！"

这种情况下，如果运行"地铁式"执行力系统，很快就能筛选出来那个"南郭先生"。

因为"地铁式"执行力系统一运行，每个岗位每天上第几个台阶，非常明确。如果确实没有能力，就坚持不了几天，"南郭先生"自然水落石出了。

由于系统的运行，这个"南郭先生"是第几项工作的第几个台阶没有上去，他的主管非常清楚。早点找出"南郭先生"，除为公司可以节省人力资源成本外，更重要的是减少了对公司发展的影响。

【案例】

我曾经顾问过某直辖市一家国内赫赫有名的食品企业，每次召开行政例会，制造部和技术部都是被告，永远被批评！两个部门负责人都是行业内被猎头高薪聘请的职业经理人，每个月拿着高于一般职业经理人五倍的工资，但很多生产技术问题迟迟得不到有效解决，老板非常郁闷。

后来老板采纳了我的意见，在企业里全面推行"地铁式"执行力系统。系统运行不到一周时间，我问制造部门负责人，生产这么忙，这么乱，你有什么办法解决？结果他告诉我八个字："积重难返，回天无力"！当我把这八个字告诉老板时，老板感慨地说：如果早一点运行"地铁式"执行力系统就好了，这个"南郭先生在我这里足足混了有一年多的时间，但我就是没有精确的证据证明他到底哪里不行。结果运行"地铁式"执行力系统，不到一周就"水落石出了"！

"地铁式"执行力系统是一个完整的超大系统。所以，每篇文章、每个观点都是互相关联的，如果你恰巧看到了第四十二篇，建议你把前四十一篇都看一下，这是一个完整的故事，缺一篇都不行！

第四十一个管理视角：

"地铁式"执行力系统是让企业里优秀
人才尽早脱颖而出的有效机制。

华为创始人任正非先生曾经说过："优秀的企业人才不是核心竞争能力，而是使用人才的能力，才是企业真正的核心竞争能力。"

"地铁式"执行力系统就是一个合理使用人才的系统。这个系统会让优秀人才尽早脱颖而出，让人才在企业里更快、更有效地发挥应有的作用。

为什么做到这一点？

因为"地铁式"执行力系统是以驱动进步阶梯为主旋律的人才使用公平机制，有起始点，但没有上限！每个员工都公平地处在进步阶梯系统当中，你有能力，你就多上几个台阶，你没能力，你就少上几个台阶，所有员工的进步阶梯大厦都在公司文化墙上，一目了然！

为此，为了不同人才潜力开发的需要，"地铁式"执行力又可以分为几个不同频率的成长机制。最基础是地铁每小时是50公里，不塞车，再提升一格；是动车每小时280公里，不塞车；再提升一格是高铁 500 公里，不塞车；再提升一格是飞机每小时 1000 公里，同样不塞车；最后一格是飞铁每小时 4000 公里，同样也不塞车。

优秀的人才，你的进步阶梯是地铁水平，那就按地铁速度运行，大家有目共睹！

你的进步阶梯是动车水平，那就按动车速度运行，大家有目共睹！

你的进步阶梯是高铁水平，那就按高铁速度运行，大家有目共睹！

你的进步阶梯是飞机水平，那就按飞机速度运行，大家有目共睹！

你的进步阶梯是飞铁水平，那就按飞铁速度运行，大家有目共睹！

只要你有才，有能力，在中国"地铁式"执行力系统里运行，你很快就会脱颖而出！

【案例】

我曾经顾问过一家知名手机通信连锁企业，企业在高速发展阶段，招聘到一位人力资源总监。

在"地铁式"执行力系统运行里，他第一个月表现为地铁水平，每天进步一个阶梯。随着对公司的"地铁式"执行力系统和文化的了解，很快他第二个月即表现为动车水平，半年后他的进步速度已经接近高铁速度！

他说，这是他在职业生涯中能力提升速度最快的一个企业。就是因为有"地铁式"执行力系统，公平且没有办公室"阶级斗争"，有能力就尽情地发挥！

"地铁式"执行力系统是一个完整的超大系统。所以，每篇文章、每个观点都是互相关联的，如果你恰巧看到了第四十三篇，建议你把前四十二篇都看一下，这是一个完整的故事，缺一篇都不行！

第四十二个管理视角：

"地铁式"执行力系统是驱动有品质企业的一种含金量的具体体现。

一家企业到底有多优秀，有多卓越，品质里是否有足够含金量。这不只是看一个企业利润有多高，也不只是看一个企业产值有多大，更不只是看一个企业占有多少市场份额，或者老板是不是最佳雇主，或者企业内部标准有多健全！

有了"地铁式"执行力系统以后，一家企业是否真有含金量，会有几个更重要的指标供大家参考！

一家企业，除了有良心地追求利润之外，还要看其员工心里有多少成就感，有多少感恩！有多少以企业为荣！有多少离不开！有多少崇高！有多少伟大！员工是否幸福！客户的满意程度！"地铁式"执行力系统能够具体测量以上各项指标的含金量到底有多少！今天在这里我们不一一详述。而这些指标的驱动最终会反哺企业追求利润的水平和能力，是区别这家企业与其他企业本质区别的象征，是为社会制造幸福的最小单位。

【案例】

有一个食品企业，业绩不错，利润不低，产值也很高。但企业员工没有成就感，没有归属感。离职率居高不下！特别是中层经理，更是留不住！这样的公司我们不能说它是一家高品质公司。

在公司导入"地铁式"执行力系统后，通过驱动以进步阶梯为主旋律的执行力大厦驱动模型，累积执行力大厦，激励无穷动力，每个职位员工不断爬上新的台阶，不断取得新的成功。企业因为有了龙骨驱动内核，在高层经理的不断赏识机制的带动下，中层经理不断稳定下来，并且变得越来越优秀了。

由于中层经理的优秀，更带动基层员工有成就感、荣誉感，且驱动员工关系更加融洽。最终企业生产实现好产品、好质量、好服务，信誉高、品质好、利润高、员工幸福，企业持续发展！健康发展！实现真正成为有含金量的企业！

"地铁式"执行力系统是一个完整的超大系统。所以，每篇文章、每个观点都是互相关联的，如果你恰巧看到了第四十四篇，建议你把前四十三篇都看一下，这是一个完整的故事，缺一篇都不行！

第四十三个管理视角：

"地铁式"执行力系统，使各项简单工作不再"例行公事"，而是富有持续激情。

在没有导入"地铁式"执行力系统之前，"例行公事"还是一个褒义词，还是比较负责任的表现。按照惯例行使公差，是职责所在。言外之意，这是公司规定，也是部门职责，更是岗位职责，我不得不做，因为"拿人钱财替人消灾"。

而按照"地铁式"执行力理念，例行公事是一个员工做一项工作坚持了几天的重要表现，比如擦桌子、拖地、擦玻璃等工作，不是例行公事。而是为了员工自己心中的执行力大厦升到多少台阶了。即使是简单的工作，但这是员工一辈子的荣誉！他在这个岗位上到底能坚持做好、做到极致多少天。

有了这样的激情，才使得海尔公司办公室桌子永远是那么干净，山区电冰箱都是员工亲自背上山的。有了这样的激情，华为公司楼道消火栓都可以一尘不染，华为司机永远把车擦得那么干净，人也是那么有礼貌！

简单的事重复做好，就是不简单！容易的事情重复做好，就是不容易，平凡的事情重复做好，就是不平凡。不简单 +

不容易 + 不平凡 = 公司人才。

金一南教授说过："要做有心人，做困难事，立大格局！"其实每个员工都按照自己的进步阶梯大厦坚定地上台阶，就是有心人，求极限就是做困难事，上更高的台阶就是立大格局！

公司认可进步阶梯价值观，就要为各个岗位人的坚持和上台阶颁发不同级别的勋章。这样公司再无"例行公事"一说！有的都是为自己一生的荣誉而战！公司的团队是像狼一样的团队，鹰一样的团队！

【案例】

小王在 D 公司已经工作三年了，执行力到底好坏，无证据可查。他自己也说不清楚自己到底是好还是坏。好的地方有多好，不知道。坏的地方有多坏，也不知道。他想把工作做得更好一些，也不知道该从哪里创新。每天例行公事，没有激情。

出现这种现象的最根本原因就是执行力台阶没有累积。没有累积的原因是因为没有工具，没有理念，员工不知道还有这样一种工具可以把执行力执行程度进行累加，并且出现进步阶梯的概念，以前想都没想过。

今天有了"地铁式"执行力系统以驱动进步阶梯为主旋律的执行力大厦驱动模型，小王的执行力情况就说得一清二楚。小王从此再不会有"例行公事"的概念，有的就是拼命爬阶梯，在公司内创造各种人生奇迹！他就像"打了鸡血"一样，为自己，为家族，为公司等建立各种功勋目标，生活从此再无单调！

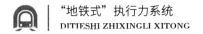
　　"地铁式"执行力系统是一个完整的超大系统。所以，每篇文章、每个观点都是互相关联的，如果你恰巧看到了第四十五篇，建议你把前四十四篇都看一下，这是一个完整的故事，缺一篇都不行！

第四十四个管理视角：

"地铁式"执行力系统是解决绩效改进指标设计及评估之难的有效工具。

企业绩效评估都是每个月到月底的几天集中评估，工作量非常大。很显然，这会给所有参与绩效工作的管理者带来很大的困难，其结果是所有人都只能是简单应付。绩效工作流于形式在所难免。对于这样的评价，我想企业中开展过绩效工作的人都有切身体会。

而"地铁式"执行力系统是把这种绩效评估落实到每一件事、每一天、每个进步阶梯上。不用每个月到月底集中突击，把所有绩效评估工作平均分配在每个月 30 天中。所有参与绩效工作的人再不会因为工作量之大而感觉受累。

另外，"地铁式"执行力系统每个阶梯的评估结果不只是关注完成了没有，而是重点关注员工是否真的进步了，是否真的上台阶了！这是以往绩效管理工作所达不到的。因为所有员工的进步被聚焦了，所以公司的进步才会顺理成章，公司的绩效目标完成也会顺理成章了。

【案例】

小王有八项工作，重要度都差不多，但是在确定关键绩效指标时他有点犯难了。其原因是指标多了等于没考核，但少了又没有代表性，而绩效工资只根据两三项指标考核结果发放。

因此，小王心里很清楚，每个月只需把这两三项工作做得好一点，其他的稍微应付一下就算了，反正也不与绩效工资挂钩。于是其他工作就经常被搁置，不被重视，时间久了，可能就会滋生大事或事故。

另外，就是这两三项工作的指标。到月底一起回顾和评估，由于时间短，为了评估而评估，为了发绩效工资而评估，对工作结果质量的要求已经不会那么认真、那么深入了，时效性也过了。

从这个意义上来说，绩效考核并没有给员工带来多大的进步驱动，只是为了与工资挂钩而已，作用一般。

而导入"地铁式"执行力系统后，可以很有效地排除工作中的无奈。小王的八项工作质量全部进入执行力大厦驱动模型中，并且这八项工作的工作质量被划出等级，排出进步阶梯，不仅可以履行职责，也可以每次看到进步。而这种进步，恰是履行职责的深入，推向细节的深入，甚至求极限，使工作不会再出现盲区。值得注意的是，员工执行好坏都记录在执行力大厦驱动模型中了，直接操作者和上级都不会因为考核和不考核而不认真对待。

"地铁式"执行力系统是一个完整的超大系统。所以，每篇文章、每个观点都是互相关联的，如果你恰巧看到了第四十六篇，建议你把前四十五篇都看一下，这是一个完整的故事，缺一篇都不行！

第四十五个管理视角：

导入"地铁式"执行力系统综合执行力情况明显提高的真正秘诀是：因为有台阶累积、有大厦累积，所以员工愿意持续把工作做好。

很多公司员工不是不愿意把工作做好、不是不愿意提高执行力、不是不愿意保持持续高效，而是因为这次做好，和上次做好没什么关系了。上次做得好绩效已经评估完了，奖金也发完了，这次再做好是另外一回事了。可能不做好也没什么坏处，也没什么影响。所以，大部分员工都抱着"当一天和尚撞一天钟"的想法，只要不算太坏，或坏的太突出就行了。

另外，有的员工还想，我又不是优秀员工，我做那么好干什么？优秀员工那么多，让他们表现就好了！我干得再好也没用！这是普遍员工的心理状态，如果大家认同的话，一个企业的执行力在什么水平，大家可想而知了！不太好，确实不好，这也是所有企业家老板最头疼的事了。

而导入"地铁式"执行力系统以后，员工做的每项工作都沉淀在每个大厦台阶中了，台阶有累积，大厦有累积，员工心里很清楚。他履行的某项职责，已经进步到多少台阶了，所有台阶构成的大厦已经是第几座了！这些在文化墙上都有记录，主管也很清楚，相关部门也很清楚。如果这次不做好，不按正常进度上台阶，当我的主管来赏识我时，我都没有优秀证据提供给主管看，那我太丢脸了，可能不只丢我一个人的脸，连部门的脸、领导的脸都丢尽了。

更何况我以前的成就大厦公司各级领导有目共睹，我怎能不在我原来大厦上添砖加瓦呢！因为有自己沉淀的大厦，所以我一定要持续做好！没有理由不做好。

【案例】

我本人写微博这件事就是很好的案例。持续坚持每天写1000字左右的微博是一件比较难的事，且要言之有物，有质量！还要坚持完成55个100层大厦，这是一个巨大工程。

到今天为止已经是第47层楼了，到100层楼，我的第一个大厦就竣工了。

在这个过程中，我工作很忙，有时开会一整天，晚上回来都八九点了，累一天了，真不想写了。

但是，我一想到我已经有47个台阶了，这是我的成就、这是我的财富，还有那么多读者（现在已经有2万多读者了）等着要看我下一个台阶呢！我不能半途而废。我一定要坚持写下去，不管多累、多辛苦！

想到这里，这已经不仅仅是写一个微博，而是我一生的作为、一生的荣耀、一生的骄傲，我必须坚持写下去。

如果每个员工不管干什么工作，他的公司都给他累积执行力大厦模型，都把他放到墙上，让所有员工参观，大家互相比

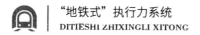
拼，都意识到坚持是一种个人荣耀，那么他们都会像我写微博一样遇到困难后自愿坚持把每项工作做到极致了。

如果每个员工都这么想，每个员工都这么做，那么一个公司的整体执行力水平想不提高都难啊！

整体表现上普遍员工都这样，你就会看到这个公司的员工怎么都这么敬业呢，员工怎么都这么爱岗呢，员工怎么都这么愿意奉献呢，员工怎么都这么以司为家呢？

再强调一遍，ISO9000 国际质量标准最难点也是在"坚持"二字上。

而"地铁式"执行力系统给了"坚持"下去的一个很好的理由！

"地铁式"执行力系统是一个完整的超大系统。所以，每篇文章、每个观点都是互相关联的，如果你恰巧看到了第四十七篇，建议你把前四十六篇都看一下，这是一个完整的故事，缺一篇都不行！

第四十六个管理视角：

导入"地铁式"执行力系统，可以有效地减少"办公室政治"和"阶级斗争"含量。

大部分企业人应该都知道，什么叫办公室政治？什么叫阶级斗争？可以这样说，那些在职场上混得不好的人，或混得不太顺利的人，基本上都栽在"职场斗争"里了。

我在网上搜了一下，"办公室政治"概念是这样描述的：

在现代企业中，本名"职场政治"，企业从业者之间的人际关系问题让广大职场人士和企业经理人"饱受折磨"。不管是分工合作，还是职位升迁，抑或利益分配；无论其出发点是何其纯洁、公正都会因为某些人的"主观因素"而变得扑朔迷离，纠缠不清。

从某种意义上来说，就是为了职位升迁、利益分配等等目的不择手段，搞乱所有主观因素和非主观因素的人际关系。每个职场人的形象最后用"血肉模糊"来形容可能一点不为过。每个人的好与坏都说不清楚了，又很难自正清白，让所有人都很心累。而且，处于企业层面越高，表现得越激烈。

这种现状为什么用"政治"来定义，有一副对联插科打诨"政治":"说你行,你就行,不行也行!说你不行,你就不行,行也不行!"这样的环境最不适合一心做事的人。有人说"办公室政治",比"官场政治"还要厉害,而最不适应这种环境的人有两种:一种是学院派的;另一种是外国人。他们到企业里,大部分都"水土不服",或用土话说叫作"缺一根弦"!到底缺哪根"弦",很难说清楚。

企业里如果被这种"办公室政治"或"阶级斗争"给占上风了,那么企业也就危险了。这种危险可能表现为没有人干实事了,"劣币"驱逐"良币"了,甚至"逆淘汰"!例如,东北三省"辽、吉、黑"是"逆淘汰"人才比较严重的省份。

而如果企业导入"地铁式"执行力系统,由企业"一把手"拍板决策,公司只认进步阶梯机制,校正价值观!谁干得好,谁的台阶最高,谁的大厦积累最多,谁就是英雄。那么,那些颠倒黑白、混淆视听的人就没有市场了。这样一来,企业的正气、正能量就会回归企业正常状态。最终"办公室政治"和"阶级斗争"情况就会明显减少。

【案例】

我曾顾问过的一家著名钢铁公司,它是一个拥有几万人的大企业。在我们导入"地铁式"执行力系统之前,老板对我们讲:最大的特点就是,各个部门都到老板办公室"打官司",老板就是"消防队员",整天让人很心累。

而在导入"地铁式"执行力系统以后,老板由衷地说:找她"打官司"的人明显见少了,但她办公桌上要批的方案和报告明显增多了，甚至她出差在飞机上都在"批报告""批文件"。

"地铁式"执行力系统是一个完整的超大系统。所以，每篇文章、每个观点都是互相关联的，如果你恰巧看到了第四十八篇，建议你把前四十七篇都看一下，这是一个完整的故事，缺一篇都不行！

第四十七个管理视角：

"地铁式"执行力系统实际上是一套找平、找正系统。

木屋行业，在木屋建设过程中，有两个最关键的技术指标：找平和找正。

什么是找平呢？就是建木屋前，基础要找平，用水平仪找平。它既是最关键的第一个技术指标，也是建好木屋、建稳木屋、建安全木屋的前提。因为基础不水平，上面建设的木屋势必会歪斜，即使造型再漂亮，基础不平都会倒塌。

什么是找正呢？基础水平了，最关键的第二个技术指标就是找正。找正就是墙体要正，不歪斜。如果墙体歪斜，直接造成的问题就是门窗安装不进去，屋顶也会坍塌。

所以，要建设优美漂亮的木屋别墅，首先就要保证两个最关键、最基本的技术指标：找平和找正。

我目前供职的案例公司是木屋行业唯一一家上市公司，这个上市公司品牌靠三个核心能力来支撑。

第一个核心能力：根据文化内涵确定木屋造型，这是木屋行业仅有的设计能力，具有唯一性，公司靠着这个设计能力建设的木屋都是有设计美感的木屋造型。

第二个核心能力：基于找平和找正的技术安全分析，确保木屋建设抗震、抗风、荷载等充分符合技术要求。

第三个核心能力：25年磨一剑，"地铁式"执行力系统作为管理品牌，支撑木屋公司稳步发展。

当我发现木屋建设需要找平、找正时，我突然又发现企业管理、执行力推动等，同样需要找平、找正。

换言之，一个企业的运行机制要有一套龙骨进行找平、找正。确定整个企业发展节奏，相当于文化基因，牢牢雕刻在龙骨上。让龙头、龙身、龙尾基本稳定，企业不再因为人为因素而让龙头、龙身、龙尾一齐摆动。如果做不到这一点，企业就会很不稳定，会发生很多意想不到的事情："做得好的企业只有一种，不好的企业就会各有各的不幸。

前四十六个管理视角是从企业管理执行方面论述的，而在第四十七个管理视角中，"地铁式"执行力系统都不同程度地可以改善企业执行力效果，道理简单，容易驱动，它实际上是企业执行方面的一套找平、找正系统。让企业有龙骨，有主节奏，企业运行过程中不会有太多无意义的争执。相对公平、公正，就是找平、找正系统。

【案例】

我曾顾问过的一家知名民营物流企业，就是这个方面典型的案例。在没有导入"地铁式"执行力系统之前，中层干部一年流失27人。即使这样，企业仍发展得飞快，但很不稳定。

老板很头疼，总觉得企业缺少什么？（其实缺少的是能找平、找正的主体龙骨）。

我在调研时，问项目部员工："公司管理规则你们都执行没有？"员工笑着回答说："我们不需要执行。"我说："为什么？"他们说："这批制度是新来经理制定的，他用不上三个月就会离职。到时又会来新的一位经理，他又要制定一批制度，然后三个月后又会离职。所以，我们根本不需要执行。"

在导入"地铁式"执行力系统以后，龙骨确定了，龙头确定了，龙身和龙尾不再随着中层经理的流动而摇摆了。企业进步阶梯文化基调确定后，制度开始有序执行了，企业凝聚力不断提高。对此，老板开心地笑了，并向我伸出点赞的大拇指！

"地铁式"执行力系统是一个完整的超大系统。所以，每篇文章、每个观点都是互相关联的，如果你恰巧看到了第四十九篇，建议你把前四十八篇都看一下，这是一个完整的故事，缺一篇都不行！

第四十八个管理视角：

很多有经验的管理者将管人和管事分为两件事来管，这在管理上是一个不小的进步。管事凭流程、管人凭业绩、人事分离、逻辑分明、条理清晰。

随着管理实践的进一步探索，特别是我们今天谈到的"地铁式"执行力系统，对管人和管事来说，又有了新的体验感受。其实，管人和管事可以是一件事。

我们驱动的以进步阶梯为主旋律的大厦模型就是在管人，也是在管事，人的进步程度要通过管事的进步阶梯来体现。所有的事都在阶梯里，所有的事都在大厦里，人的优秀程度也在阶梯里，也在大厦里。管人和管事是一件事，不用分开。

我们谈人，也是在谈事；我们谈事，也是在谈人。离开人谈事，不全面，不客观；离开事谈人，不真实，无证据。

即使我们谈人或谈事，也不是割开来谈，而是有机地来谈，事放在阶梯的第几个台阶，这第几台阶就直接代表着人的执行力等级，即人的绩效好坏。

或许，人和事的管理就不需要分开，只是人们暂时没找到更好的办法。今天我们有了"地铁式"执行力系统，或许能给大家一个启发。通过事情办好的程度来给人的进步程度划分成不同台阶，积累成不同大厦。这些阶梯和大厦就代表了员工工作努力程度，代表了员工的业绩，代表了员工的执行力水平。

如果这个道理大家都认同，那么企业管理和执行力推动就会简捷很多。将一个企业的所有事情分好类，需要做好的程度确定好，分别与人的进步阶梯相对应。那么，每个人的执行力情况就会一目了然。

所以管人和管事，其实是一件事。用"地铁式"执行力机制把人和事有秩序地串起来，做好台阶等级区别对待，管人就是管事，管事就是管人。

【案例】

小王到了E公司后，发现E公司根本就没有人力资源部门，人的事和业务的事都是由部门领导直接管了。领导每天只管一件事，就是小王你第三项工作进步到第几个台阶了？如果这个月你能升到第八个台阶，那么你的工资将上涨一级。管人和管事就是一件事。

"地铁式"执行力系统是一个完整的超大系统。所以，每篇文章、每个观点都是互相关联的，如果你恰巧看到了第五十篇，建议你把前四十九篇都看一下，这是一个完整的故事，缺一篇都不行！

第四十九个管理视角：

"地铁式"执行力系统和激励系统合为一个系统。

现在社会上有一篇文章，标题为"企业制度重要，还是激励重要"，很热门。大家观点不一。有的赞成制度重要，有的赞成激励重要。

"地铁式"执行力系统的观点是制度和激励可以合为一个系统，这取决我们怎么设计。

在二者未合为一个系统前，大家普遍认为制度就是制度，只起到约束作用。激励就是激励，只起到激励作用，二者是两回事。制度约束降低积极性，激励起到增加积极性的作用。

其实，二者是辩证统一的。制度约束的存在，是公司运行基本要求。没有制度，公司将不是一个团队，而是一盘散沙，打不赢胜仗的。激励虽然能起到增加积极性的作用，但没有约束的积极性，即使完成公司规定的目标，对公司意义也不大。所以积极性一定是在按照规则做事的能力下，才叫执行力。

所以，"地铁式"执行力系统将制度的约束和激励合为一个系统。

如何设计到一个系统里呢？

把约束制度和激励制度全部设计到进步阶梯里，员工只需要按照进步阶梯，每天上一个台阶，就是对制度的约束执行情况，就是对激励制度的执行情况。

【案例】

对我们木屋公司来说，营销制度和激励制度就是一体的。营销工作的其中一部分市场开发工作，就是按照公司要求，搜索市场信息，然后进行筛选，对比较"有戏"的信息进行拨打电话，进行初步沟通。然后进行第二次筛选，继续跟踪，一直到签订合同为止，整个这个过程就是信息沙漏筛选过程。

这是公司市场开发流程，也是公司重要制度之一。市场开发人员要想获得公司提成，就必须按照市场开发流程进行操作，流程熟练到一定程度后，开发客户的有效性就会不断提高。这样，公司的激励制度市场提成标准就会有效执行，对市场开发人员的激励作用就会很大。

所以，我们不能简单地说制度重要，还是激励重要。这两项是一体的，是不可分割的。

"地铁式"执行力系统是一个完整的超大系统。所以，每篇文章、每个观点都是互相关联的，如果你恰巧看到了第五十一篇，建议你把前五十篇都看一下，这是一个完整的故事，缺一篇都不行！

第五十个管理视角：

"地铁式"执行力系统将制度和执行合为一个系统，直接建立执行制度。

执行难，执行难，为什么执行那么难？

因为自古以来，制度是制度，执行是执行，是两回事！

大部分执行不好的企业，一般都是这样描述的：来了一位经理，写了一个制度，贴在了墙上，风一刮，飞了！

或者是，来了一位经理，写了一个制度，放在抽屉里，打开一看，一层灰！

制度都执行了吗？没有！为什么不执行？不会执行！不需要执行！是写给领导看的！是做样子的！我不知道这些制度是要执行啊！无数个理由！

尤其现在制度非常丰富，在网上一搜，什么样的都有！根本都不需要储备，也不需要自己下什么功夫！

但是，要执行这些制度，可就难了！

那么，用什么办法执行制度会更容易些呢？

"地铁式"执行力系统，可以给大家一个新启示：直接编一个可执行的制度！简称叫执行制度，可能大家还听不懂！

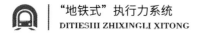
制度建立时就有执行特点，它就是进步阶梯！它就是"地铁式"执行力系统。

【案例】

考勤制度，每天早上 9：00 上班，打卡。这是考勤制度基本要求，每个公司都这样写的。

用"地铁式"执行力系统，写成执行制度：小王考勤大厦，每个月 22 层，如果少一层，年底涨工资少涨 20 元。如果没少，工资多涨 20 元。

工牌制度：每天上班带工牌，如果忘记，罚款 10 元，这是工牌制度基本要求，每个公司都这样写的。

用"地铁式"执行力系统，写成执行制度：小王工牌大厦，每个月 22 层，如果少一层，年底涨工资少涨 10 元。如果没少，工资多涨 10 元。

办公室 5S 制度——清扫、清洁、整理、整顿、素养，保持办公室干净整洁。这是办公室 5S 制度，每个公司都是这样写的。

用"地铁式"执行力系统，写成执行制度：小王办公室 5S 大厦，每个月 22 层，如果少一层，年底涨工资少涨 50 元。如果没少，工资多涨 50 元。

小王到年底，三个制度，一层都没少，结果年底涨工资，多涨了 80 元。

简单吗？简单，

容易吗？容易

好执行吗？好执行！

这叫作执行制度！

"地铁式"执行力系统是一个完整的超大系统。所以，每篇文章、每个观点都是互相关联的，如果你恰巧看到了第五十二篇，建议你把前五十一篇都看一下，这是一个完整的故事，缺一篇都不行！

第五十一个管理视角：

运行"地铁式"执行力系统，企业可减少工作量，减少用人数量，减少沟通，更多的是降低了管理成本。

运行"地铁式"执行力系统，可以减少很多工作量！其他的不说，就是从起草制度来说，就省去很多工作量，编制可执行制度，不需要花很大篇幅。因为直接可以执行了，不需要再写那么细了。原来篇幅大，就是因为怕不好执行。所以，故意描述得很细。其实，即使写描述那么细，也很难执行到位，关键是如何把制度写成执行制度，工作量减少了，执行也解决了。

运行"地铁式"执行力系统，可以减少用人数量！最起码，人力资源部门就可以节省了，人力资源相关工作都由各个职能部门业务自己承担了。最关键的是，他们承担了人力资源管理工作，但总工作量还没增加，反而减少了，且本部门员工用人还可以继续减少。

运行"地铁式"执行力系统，可以减少沟通工作！制度减少了，部门减少了，人员也减少了，互相之间的沟通工作量肯定减少了，沟通减少，出错率也同样会减少。

运行"地铁式"执行力系统，可以大大降低成本！用人减少，最直接的效果就是成本降低了。现在中国企业，用人成本已经不低了，在亚洲已经排在前面了，没有低成本优势了。运行"地铁式"执行力系统可以降低用人成本，这将是一件大快人心的事！

【案例】

小王加盟 E 公司后，发现：第一，没有人力资源部门；第二，公司制度特别少，沟通也不多，但公司事情没少做。有一次，他偶尔看到公司财务报表，发现 E 公司管理成本比他原来公司至少低 1/3 还多，而绩效却比原来公司多两倍。

"地铁式"执行力系统是一个完整的超大系统。所以，每篇文章、每个观点都是互相关联的，如果你恰巧看到了第五十三篇，建议你把前五十二篇都看一下，这是一个完整的故事，缺一篇都不行！

第五十二个管理视角：

运行"地铁式"执行力系统，可以大幅提高企业运行效率和效益。

运作企业，我们最根本的目标是提升企业效率，提高企业效益。这是最简单的道理，也是最本质的道理，也是所有企业共同追求的目标。

如果企业运行效率不高，"快鱼吃慢鱼"，很快就被快鱼吃掉了。

如果企业效益很差，那么自己连存活的可能性都没有了。

所以，从目前中国企业和经济运行环境来看，下行压力很大！实体经济都不景气。企业都在喊如何过冬！如何活下来！就连房地产行业，曾经是中国财政的支柱，现在也都是活命要紧。还有很多省的"首富"都变成了"首负"！

就连被美国看作眼中钉、肉中刺的伟大企业华为，任正非先生还天天喊着要活下来，战战兢兢，如履薄冰！

这时，如果有一种管理方法既可以提高效率，大幅提升效益，减少人员开支，提高市场占有率，开源节流，那将是一件美事！

　　各位读者，不知道你们是否有同感，前面分享了51个管理视角，运行"地铁式"执行力系统，可以得出以下的结论：

　　部门可以减少了，工作量可以减少了，沟通频次可以减少了，制度变少了，执行提高了，成本降低了，软装备提高了，员工积极性提高了，员工更敬业！企业凝聚力提高了，战略更容易落地了，文化更容易生根了，总经理也解放了！各级管理干部都轻松了！

　　这样的企业，归纳起来，就是效率大幅提高了，效益大幅提升了！

　　感觉有点像自卖自夸一样！我们正在实践一个真实案例。

【案例】

　　某某木屋公司

　　梦想：某某公司建造的每栋木屋都有独特的创意，让木屋成为生活的艺术享受。

　　使命：为木屋行业持续注入艺术创新驱动力。

　　愿景：让中国木屋后发先至，让世界认识某某木屋。

　　核心价值观：某某小木屋，某某新家园。

　　追求境界：三千年读史，不外功名利禄；九万里悟道，终归诗酒田园。

　　运作效率：人均500万产值／年。

　　"地铁式"执行力系统是一个完整的超大系统。所以，每

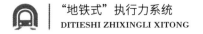
篇文章、每个观点都是互相关联的，如果你恰巧看到了第
五十四篇，建议你把前五十三篇都看一下，这是一个完整的故
事，缺一篇都不行！

第五十三个管理视角：

"地铁式"执行力系统是一套人生幸福系统。

人活一辈子，最大的幸福莫过于得到领导的认可。

可是就这么一点点幸福的源泉，大部分人都得不到啊！

为什么得不到呢？

因为"办公室政治"，领导就是不赏识你。如果赏识了你，你比领导都强了，我做领导的还有威严吗？明天你不得当我的领导啊！我在我的领导面前还有面子吗？基于此，种种原因，领导是不会让你轻易"得逞"（认可）的！

为什么得不到领导的认可呢？

因为领导的性格问题，领导天生不爱表扬人。

为什么得不到领导的认可呢？

因为你做的事情不会是百分之百的完美，总能被挑出毛病！

为什么得不到领导的认可呢？

因为做好了是应该的，做对了也是应该的。

为什么得不到领导的认可呢？

因为确实太笨了！

为什么得不到领导的认可呢？

因为……

无数种原因，你就是得不到领导的认可！

得不到领导的认可还不要紧，比这更不幸的是经常被批评！

一个老公，在公司被批评了，回家就拿媳妇出气，媳妇就打孩子，孩子就踢猫！

温馨的一家三口，就这样被坏心情影响了！

这就是中国打工仔家庭的现状。

如果一个公司强行规定，员工做好了，上台阶了，主管领导必须点赞！

那么被点赞的员工一天都是好心情，同事也是好心情，客户也是好心情，回到家里见到太太更是好心情！孩子和猫更是欢快得不得了！这就是员工的幸福源泉！

这个源泉在哪里？

就在主管领导的点赞里！

这个点赞谁能给？

"地铁式"执行力系统可以给——强制规定，员工做好了，必须点赞！

有了这个强制点赞机制，员工顺理成章地幸福，家庭也顺理成章地幸福！

所以，中国"地铁地"铁式执行力系统，是一套人生幸福系统！

【案例】

小王到 E 公司后，每天都快快乐乐上班，为什么呢？因为他干的五项工作，每天都有进步，每天都上新的台阶，他的主管领导一点都不吝啬点赞！只要小王有进步，点赞及时到位！别提小王心里有多美了！

小王回到家里，家里更是一片温馨！因为小王就是天！

所以，小王是上班也高兴，下班也高兴。

小王由衷地说："我在 E 公司这三年，是我人生中最快乐的三年，也是最幸福的三年！"

"地铁式"执行力系统是一个完整的超大系统。所以，每篇文章、每个观点都是互相关联的，如果你恰巧看到了第五十五篇，建议你把前五十四篇都看一下，这是一个完整的故事，缺一篇都不行！

第五十四个管理视角：

　　运行"地铁式"执行力系统，是打造
健康企业的最有效工具。

　　基业长青，是所有企业、所有老板追求的终极目标。

　　"地铁式"执行力系统是将所有企业管理要素有序驱动的系统，是一个有内核驱动力的系统，是一个产生凝聚力和向心力的系统，是一套完整的格式化系统，通过将企业有序格式化，使企业能时时抓住时代风口，带领导团队做正确的事。找到准确的市场定位，目标客户定位，稳定持续提供合格产品或服务。把人作为资源进行有效开发，确保员工以最饱满的激情投入工作，进行有效的当家理财，维护好重要的公共关系，确保整个行政系统进行高效运转。定期进行管理监督，全公司上下运行好阶梯赏识文化，运用好领导艺术，将这套"地铁式"执行力系统全部 IT 化运行。这就是驱动企业从优秀到卓越的健康过程。

【案例】

　　小王在 E 公司成功地接替了董事长的位置。接下来，新的王董事长继续延用"地铁式"执行力系统，驱动企业健康成长。他认为 E 公司还不算卓越，他要用中国"地铁式"执行力继续推动 E 公司向更卓越的目标迈进，从而打造持续健康的 E 公司常青树。

"地铁式"执行力系统是一个完整的超大系统。所以，每篇文章、每个观点都是互相关联的，如果你恰巧看到了第五十六篇，建议你把前五十五篇都看一下，这是一个完整的故事，缺一篇都不行！

第五十五个管理视角：

"地铁式"执行力系统是一套驱动人品大厦系统。

运行"地铁式"执行力系统，不仅可以驱动执行力，还可以提高执行力水平。

"地铁式"执行力系统更大的价值在于驱动人品大厦！

驱动人品大厦，可以驱动企业中员工的人品，可以驱动学生的人品，可以驱动公务员的人品，可以驱动家庭成员人品。也就是说，是社会人的广义人品。

本节是最后一个管理视角，即第五十五个管理视角，也是社会版第一个视角，起到承上启下的作用。

今天只在这里概述讲一下如何驱动人品，以后其他章节中再详细分享人品大厦驱动的具体细节。

驱动人品大厦，可以从家庭学龄前儿童开始，就是从小就给孩子建立人品大厦根基。

比如驱动孩子第一个指标：孝顺。孩子给父母打了一次洗脚水，就在大厦上记一个台阶。就这样，孝顺从一点一滴开始积累了，不光是简单说教，要有积累。积累多了，孩子就形成习惯了，他自己从小就知道有人品大厦，自己就会不断地给大厦添砖加瓦。

到了小学，到学校报到，老师要收孩子的"人品大厦档案"。然后，老师在教学时，同样给孩子继续累积人品大厦。到中学，中学老师同样为孩子的大厦添砖加瓦，高中也是一样，大学更是一样。

孩子毕业了，到企业打工，企业给孩子继续增长人品大厦。如果当了公务员，就由政府部门给孩子继续增长人品大厦。

孩子换单位了，同样下一个单位继续给孩子的人品大厦添砖加瓦，一辈子都不断。

人生整个过程，政府全部（因为科技不断进步，人工智能替代很多人的劳动，社会富余人员越来越多，让富余人员经过简单培训后都进入政府部门）介入并引导，从每个家庭的每个小孩开始。政府用驱块链技术，进行多方写入，永不篡改！每个人的人品大厦档案都跟他一辈子。

以后谁也别用道德绑架谁了，去看看自己的人品大厦吧！

千万别让那些总做慈善的好人心寒了。没有人品的人，把人家的慈善当成理所当然。

更别让低于60分人品的艺人到各个平台当评委了。

媒体要提出政府掌握的全社会人品大厦的佼佼者数据，然后在县电视台、市电视台、省电视台、中央电视总台里进行宣传。只有每年做得最好的人品大厦才能进入春节晚会，那样的春节晚会才能牵动着全国人民的心呢！

到老时，临终前，最欣慰的是自己的人品大厦到底增长了多少层！不能来人世间白走一趟！给世人留下口碑，留下人品财富！

我们可以按照这种理念，给中国五千年先辈品德卓越的人建立人品大厦模型，如周公、老子、孔子、孟子、庄子等。

现今优秀人品大厦的社会人也可以建立大厦模型，如崔永元、周润发、古天乐、邵逸夫、韩红等。

建立人品大厦模型不是目的，而是为社会树立榜样建立社会价值观导向，激励全社会人都用同一尺度建立自己的人品大厦！

社会不再争议，不再绑架，全社会从点滴做起，从中国做起，为中国梦注入更多的品德含金量，并不断向全世界辐射人品大厦价值观，和谐社会，和谐世界！

"地铁式"执行力系统是一个完整的超大系统。所以，每篇文章、每个观点都是互相关联的，如果你恰巧看到了第五十七篇，建议你把前五十六篇都看一下，这是一个完整的故事，缺一篇都不行！

PART 2

第二部分

五十五个管理主张

第一个主张：

执行精力和基于赏识教育的经营人心精力比例各占 50%。

中国企业管理目标都是在要执行力、要结果、要绩效，而主管一旦拿到结果或绩效后，可能连头都不回就直接交给他的上级主管了。

好一点的主管还能对下属操作者说一句："辛苦了。"

很少有管理者能够关心一下下属，这项工作是怎么完成的，克服了多少困难。在完成这个任务的时候有哪些突破，有哪些成长，有哪些提高。

而作为操作者的下属，也都习惯了，反正每天上班挣钱，是天经地义的，把工作结果交给主管也是天经地义的。所以，他也无所求。而稍有一点心眼的聪明员工，会自己表一下功。久而久之，会表功的员工，晋升就快一点；不会表功的员工，晋升就慢一点。

而中国"地铁式"执行力的主张，管理者不只说一句"辛苦了"，还会用同样的 50% 的精力对下属操作者进行承认赏识活动。这个赏识活动要设计得丰富多彩，其目标是在承认赏识

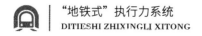
活动中，让下属操作者将操作主流程和辅助流程过程全部讲完了，功劳和苦劳都一清二楚了。执行"瓶颈"看到了，下一步的努力方向也看到了。

在丰富的承认赏识活动中，员工很幸福地把下一步的进步阶梯自己主动列出来了。如果公司的所有员工都把工作的每个细节做到极致，那么产品品质能不好吗？服务质量能不好吗？

所以，我们要给主管留出足够多的承认赏识空间，公司的生产力主要都会产生在这里。

第二个主张：

其实管理者的智慧只需用到不断丰富下属操作手册就行了，不需要说很多话、开很多会的。

———————————————————————

一般企业管理方法，都是管理者对下属操作者要说很多话，要么现场指挥，要么早会、晚会，各种例行会议。

为了让员工更好地执行，管理者伤透了脑筋，结果员工还是执行不到位。要么不能坚持执行，要么没有绩效，抑或绩效不理想。

管理者进一步，员工动一步。由于管理者说得太多，指挥令太多，互相之间都矛盾，员工都不知道怎么做了。于是，员工就停下来了。

其实，管理者根本不需要讲太多的话，只需一个下属操作手册，主管五件事就行了。

先抓这五件事情主流程的第一层，做好一件事，主管给打一个对钩。这就是进步阶梯。

主流程坚持做好一周后，就开始做第二层流程，将主流程几个关键点继续细化，像第一层流程一样，再做好，再打对钩。

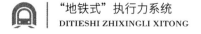
第二层流程做好一周后，就开始做第三层流程，将二级流程关键点继续细化，像第一层一样，再做好，再打对钩。

以此类推，一般岗位用不了五层，细节已经被求极限了。

做到这一步，员工的执行力已经非常深了，业务非常专业了，业绩也非常好了。

在这个过程中，管理者其实根本没说多少话。只是帮助下属员工不断地做细节流程，向细节求了极限，管理者的智慧全部用到员工的业务细化上了。最后，这些细化的工程累积成大厦，下属工作的经验得到全部沉淀，员工实现了自我突破、自我成长、自我提高、自我完善、自我控制。

这个过程其实就是以驱动进步阶梯为主旋律的"地铁式"执行力系统运行过程。

第三个主张：

各级管理者完全可以轻松至少五分之四，也就是只需五分之一的精力就足够了。

各级下属由于没有执行力大厦累积，没有累积，就没有深入。于是，管理者需要不停地下发文件，不停地开会，不停地安排工作。

一般老板看到这些中层在忙活，觉得进入工作状态了，给他们发的工资也值了。

其实事实真相是，这些中层根本不需要这么忙乎，只需要对下属员工进行执行力大厦累积就行了。

执行力大厦的累积，就是进步阶梯的驱动。这种驱动就会使员工本职工作走向深入，向细节求极限，求到一定程度，员工的业务就非常专业了。而不需要管理者不停地安排，不停地督促你要做好、业务要精、你要努力、你要敬业等。

所以，中层管理者根本不需要付出那么多精力，只需五分之一的精力就足够了。剩余五分之四的精力用于开发新业务，然后再交给下属员工，企业效率会提升一倍、两倍，甚至更多。

这个管理方法就是以驱动进步阶梯为主旋律的"地铁式"执行力系统的系统方法。

第四个主张：

> 企业管理，其实不需要那么多中层管理者。

很多企业老板和管理专家都经常说，企业里最关键的就是中层，中坚力量就是中层。员工可以随时换掉，但中层必须重视起来。

但实际上，中层管理者不一定需要那么多。

这里核心内容也是因为下属员工没有执行力累积，导致中层管理工作不断增多，各部门之间再进行交叉，显得中层管理者更忙了，加班加点，早出晚归。于是，大部分老板都得出同样的结论：中层太重要了！

但是，如果有下属员工执行力累积，老板只需要看一眼员工执行力累积大厦，就一目了然了。这时，中层其实就显得多余了。

企业里有一套以驱动进步阶梯为主旋律的执行力系统，员工都自动自觉将自己的主业务流程，不断做到第二层业务流程、第三层业务流程，不断追求极限，整个企业会自动自发地运转。

　　而一个中层可能按赏识教育方法，能看护好几个部门的员工大厦。那么，这些中层员工就都节省了。

　　省下来的中层还可以创造更大的价值。

第五个主张：

> 如果有一个好的管理模式，员工履职压力就不会那么大了。

没有管理模式进行执行力沉淀，员工就不知道自己的执行力到底怎么样，心里总是悬着，压力比较大。

而有了执行力大厦沉淀后，员工执行力到什么水平，有大厦的层级见证。员工执行力进步到什么程度了，他自己心里很清楚，其主管领导也很清楚。而且下一步努力方向在哪里，主管和其本人也很清楚，这样员工履职压力肯定会小多了。

由此可见，如果没有执行力沉淀，久而久之，员工进步无阶梯，努力无尽头，累死在路上。最后走人了，也不知道为什么走的；留下来，也不知道为什么留下来。从这个角度来说，一个员工履职多么茫然啊！

所以，一个企业驱动一个主旋律管理模式，是对员工的负责任。员工压力减小了，进步有阶梯了，努力有尽头了，幸福在路上了。员工幸福了，他（她）的家庭也就幸福了。一连串的幸福工程，而幸福起源一定是对员工定期承认和赏识。

第六个主张：

执行力是可以用模型来表达的。

大部分企业，在招聘时，用了很多模型来判断一个人的素质。而到了岗位以后，执行力到底怎么样，到现在为止，没有一个企业提出这个课题。

今天我们正式提出，员工的执行力是可以用模型来表达的。

这个模型就是"地铁式"执行力系统主推的执行力大厦模型。

企业里任何工作做好了，我们都可以把它视为一个台阶。台阶有大有小，大台阶就是大进步，小台阶就是小进步。

台阶不能定得太大，台阶越大，员工的压力就越大，不便于进步。

大台阶可以分割成几个小台阶，台阶也不能太小，太小没有挑战。

若干个台阶就可以构成执行力大厦。

例如：我写一本书，就是一百个台阶的大厦，也可以说是一百层楼。由于有台阶，我就进步有阶梯，努力有劲头，幸福

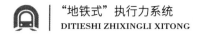
在路上。最后，自己就可以激励自己了。

其实这个模型很简单、很实用，既适合不同规模的、不同类型的企业，也适合不同岗位。

而这简单易操作的模型其实是给企业输入了一个龙骨式的节奏，让企业有了灵魂，有了主心骨，有了评判企业管理事务的依据。

第七个主张：

执行力和人品大厦是可以同时成长的。

我们经常说："德不配位，必有灾殃。"那么，全国现有岗位人员的品德和职位到底有多大的匹配度呢？真实的情况是什么样的呢？

这个问题好像很难回答，因为每个人的品德是很模糊的、很难测量的。所以，不知道品德到底是多少，就更不知道岗位与品德匹配度了。

这样描述应该是现实社会这个问题的真实写照。

这个问题的确很难回答，因为中国五千多年文明历史了，这个问题国家一直在倡导。以法治国、以德治国一直是国家领导人不约而同的选择。但全民品德到底是一个什么样的水准，驱动到什么程度了，始终没有人能回答。

那么大家要问了，都没有人能回答，你就能回答吗？其实我说能回答，大家也不会相信的。只能说我们有一点点思路了，试着在回答这个问题。

我们在驱动赏识教育的时候发现，每个员工被赏识时，态度是不一样的。但有个规律，刚一开始，员工得到点赞、赏识时，有点"飘"。但随着赏识的增多，员工的态度变得越来越谦虚、越来越低调，而做的事情却越来越多、越来越好。

一开始大家还比拼执行力呢！谁上的台阶多！

后来发现，大家越来越比拼谁更谦虚，谁更低调！

公司驱动"地铁式"执行力系统，给了员工频繁被赏识的机会。

我们发现，员工以态度为出发点的品德却慢慢发芽了，而且有序地越长越高！

随着每个员工品德的增长，公司的员工关系、上下级关系也变得越来越和谐。

因为大家都那么低调、那么谦虚。慢慢地，这种谦虚和低调变成了一种时尚，变成了一种习惯，变成了一种文化氛围！

而这种谦虚的程度、低调的程度，我们也试着用大厦来表达，发现也可以量化，渐渐地就变成了人品大厦。

我们既然在公司能实施这个人品大厦，那么我们推广到社会，推广到每个家庭，也是同样的道理！

第八个主张：

员工工资标准是可以从执行力模型里找到答案的。

现代企业员工工资标准一般都是通过职位评估出岗位价值序列来确定工资标准的。

职位评估里设计了很多指标，如岗位责任、专业知识、工作辛苦程度等。而这些指标和分指标的价值评估，最后也只是确定每个岗位的相对价值，根据岗位价值序列确定工资标准。

那么，一个岗位人员执行力到底如何？值不值得拿那个岗位相对应的工资呢？只要这个岗位人员不太出格，一般公司也就不计较了，没有人再去考量这个事了。

那我们今天，因为有驱动"地铁式"执行力的机会，给员工累积执行力大厦。我们发现，这个岗位价值可以用一定模型来表达了，甚至可以是动态的了。

因为我们的大厦模型很丰富，可以使工作从陌生到熟悉，从熟悉到熟练，从坚持天数到创新数量。我们可以设计很多模型来对应本岗位的执行力情况，这样一来，这个岗位的真实客观价值就变得更客观一些了。

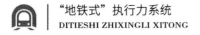
而岗位人员的履职能力执行力都被这些指标进一步细化了，努力方向也更明确了！

其实，每个岗位的执行力模型都是可以测量的。

如果我们能很客观地表达这个执行力工资标准，那么对于给工资定标准的问题，我们又多了一个方法。

第九个主张：

员工什么时候应该涨工资，也可以从执行力模型里找到答案。

每个企业都有工资标准，工资标准序列也很齐全。每个岗位的工资级别都不少。但是，什么时候给哪个员工提升几级工资，一直是企业的一大难题，这是没有标准的。

一般企业调工资，很多都是个人提申请，主管审核，报公司审批。

很多员工报了很多次，但都没得到批准。于是，看不到在企业里的希望，就用脚投票了，离开了公司。

这种现象在很多公司不停地上演。

公司领导也矛盾，批也不是，不批也不是。给张三批了，李四、王五和赵六都写申请了，你批不批？

说白了，到今天为止，一个员工什么时候该涨工资，一直没有一个相对客观的标准。

员工一般的办法就是，想涨工资赶紧做几件漂亮的事，做几个亮点，领导认可后，马上提出涨工资，这种方法有时还挺有效。但其实并不公平，"会干工作"的，就涨得快点；不会干工作的，即使默默无闻坚持做好工作，也很难涨工资。

所以，什么时候涨工资这件事，也是企业里标准化后一个深层次的老大难问题。因为它直接和员工执行力有关系，与绩效有关系。

那么，驱动"地铁式"执行力系统，要解决这个老大难问题，是什么思路呢？

"地铁式"执行力是用一个员工坚持做好一件事的天数来定义工资标准的。例如：坚持做好 21 天，是好习惯标准；坚持做好 3 个月，是小学标准；坚持做好 6 个月，是初中标准；坚持做好 9 个月，是高中标准；坚持做好 1 年，是大学标准；坚持做好 3 年，是研究生标准；坚持做好 6 年，是博士生标准。

每一个标准，都对应着相应的工资标准。

而涨工资呢，也是同样的道理，以坚持做好的天数，定义涨工资标准时机。工作期间，只要不出意外，到一定时间规定的节点，就涨工资。

如果用这样一个方法，员工的努力就有方向了，公司也不被动为难了，特别是员工实现了进步有阶梯，努力有劲头，幸福在路上。

第十个主张：

　　员工什么时候该晋升了，也可以从执行力模型里找到答案。

　　晋升其实跟涨工资是一个道理，也是企业里的一大难题。大部分流程也是，员工觉得工作有几个亮点，工作有一定年限了，就自己主动提出申请，报部门领导审核，再报公司审批。

　　一般部门领导都会做好人，审核时都会加持几句："某某工作干得不错，任劳任怨，工作绩效比较理想，本部门正缺一个主管，希望公司领导审批为盼。"

　　由于有部门负责人的加持，领导犯难了，批还是不批。因为关于某某的工作，领导掌握的证据并不充分，只是部门领导的一面之词。

　　大部分公司，基本都是这个状况。这个问题，也是人力资源部门的一个难题。

　　如果运行"地铁式"执行力系统，应该如何解决这个问题呢？

　　也是和涨工资同样的思路，按做好的天数来定义是否可以晋升岗位。

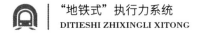
同样，也分为小学标准、初中标准、高中标准、大学标准、研究生标准、博士生标准，晋升至少要在大学标准以上，才够考虑晋升资格。

正常晋升要达到研究生标准。执行力要坚持多少天做好，学习力要坚持多少天做好，人品大厦要上升多少个台阶，三个指标同时具备了，才能批准晋升。

这样的标准，员工一目了然，进步有阶梯，努力有劲头，幸福在路上。

第十一个主张：

可以用进步阶梯驱动执行力的方法替代绩效管理。

绩效是结果，执行是过程，过程控制到位，结果绩效才会令人满意。

这虽然是一道人力资源专业课题，而其本质恰恰是质量管理控制原则。

好的产品从哪里来，好的结果从哪里来，好的绩效从哪里来，都是从好的执行力控制过程而来的。

关键过程控制点作为执行力控制阶梯的主要节奏和台阶，将关键过程的控制要点、主要因素纳入进步阶梯驱动机制，让绩效形成过程融入激励机制，融入赏识教育激励机制。员工进步有阶梯，努力有劲头，幸福在路上，一路唱着歌就把工作做得很到位，最后绩效要出乎意料的好。

一般情况下，只挂绩效指标不问过程，领导只要结果，拿结果说话。这是很多领导雷厉风行的做事风格。这样对员工的压力是很大的，而结果是把员工压垮了，也没要到绩效结果。

而我们把重心放在绩效产生前的执行过程上，让过程的每一步都得到有效控制，并注入以赏识教育为理念的激励机制。员工因此有积极性，让员工干好变成员工自己愿意干好，且干好了，每上一个台阶，其主管就及时进行恰如其分的承认和赏识活动，员工干劲十足。结果是好的绩效捎带而来，且超过预期的绩效。

比如，我们爬长城第 18 号烽火台，从最底部往上看最顶部，把人能愁死。

但是，我们说不用管多高，我们只需要低下头来，每上五个台阶，给你一个点赞；上十个台阶，给你掌声；上三十个台阶，给你一个苹果吃；上五十个台阶，给你一个冰激凌吃。整个过程是，每个台阶都很有趣，不知不觉到最顶部了，结果员工还没爬过瘾。

这时再回头往下看，一眼望不到底，简直不敢相信这是自己用双脚走上来的。

第十二个主张：

通过赏识教育驱动，员工都可以从"被告"变"原告"的。

现行企业管理，员工都是弱势群体，都是被管理的对象。员工工作永远有问题，永远是被批评的对象，永远是"被告"。

而领导永远是高高在上的，不肯看员工一眼。领导永远"尊"，员工永远"卑"！

好像这是天经地义的。

事情永远真的都是这样吗？其实不然。

随着管理理念和以人为本的思想的不断推进，很多理念可以改变了。

原来"人"都是成本消耗，现在人是资源，可以开发出巨大的潜力！

要开发出潜力，就必须要让员工有好心情！有了好心情，员工就动力十足！

好心情如何而来呢？被尊重、被承认、被赏识，好心情自然而来。

赏识教育的前提是，将员工所做的工作全部细化成进步阶梯，进行量化控制。员工非常清晰地知道自己要做多少件事，从什么时间节点开始，到什么时间节点结束，做到什么程度。

每次做完，都有主管及时进行点赞、赏识，并指出下一步的努力方向。

这样一个赏识机制，让员工动力十足，脸上很有光，很有成就感、荣誉感。

可以是三天一个小点赞，五天一个大奖赏，员工进步有阶梯，努力有劲头，幸福在路上。

所有这一切，都是"原告"，而不再是经常被批评的"被告"了。

而随着"原告"和"被告"身份的改变，公司的执行力提高了，员工关系变得和谐了，绩效明显上升了，员工也变得更幸福了。

第十三个主张：

让"员工干"真的能变成"员工自己愿意干"了！

让"员工干"变成"员工自己愿意干"，这是管理的最高境界，也是所有管理措施、管理动作实施后要达到的最高目标。实现了这个目标，才可以敢说解放总经理，解放各级管理干部。

很多老板都在提，都在希望，但一直不理想。每个公司表现最明显的现象就是老板在，员工都很积极；老板出差，员工就不那么积极了，很多员工都做给老板看。

这里面存在的最大问题就是，管理者用于赏识教育的比例太少了，甚至没有。那么，员工打工挣钱，老板在，我就多做点；老板不在，老板看不到，我就少做点，这是员工最起码的聪明所在。

所以，我们的主张是，加大赏识教育的比例，把更多的荣誉给到员工，把更多的成就感给到员工，员工就会把公司的事当成自己的事，自己就愿意自动自发地多干了。

而这里的赏识教育，其实不只是一个点赞、一个表扬、一

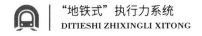
个赞赏，而是基于员工把工作做好的成就感工程，即员工把工作做好以后，对工作结果的认可，流程多加几道。

比如，员工做好一项工作，我们在形式上给他上一个台阶，让他的执行力大厦多一层，这个大厦就是他的成就，是别人偷不走的。

而这个执行力大厦就是工资标准，就是涨工资的依据，就是晋升的依据，你的大厦有多少层，都展示在公司文化墙上了，领导一看，一目了然。

而每一次赏识，你谦卑的态度，又可以为你的人品大厦添砖加瓦，你会再一次被赏识。所以，你的人品和业绩都成正比地成长，你每天幸福得只想把工作做得更好，这就是自动自发的机制来源。

第十四个主张：

企业里的雷锋不但不吃亏，而且其人品大厦成了典范！

之所以很多公司都贴"不让雷锋吃亏"的文化标语，是企业希望鼓励员工多做好事，任劳任怨。希望有这样一个好的文化氛围，引导员工更加优秀，企业产品质量更好，服务态度更好，企业发展更快。

但实际上，企业里雷锋一样的好员工经常吃亏，久而久之，没有人愿意当这样的员工了。所以，各企业为了呼唤这种奉献精神，把这个标语贴满办公室。

而贴标语的本身就说明，企业里默默无闻的员工经常吃亏，但企业没有一个机制来保障雷锋不吃亏。所以，才想到用标语的形式来呼唤这种奉献精神。

而我们现在有这个机制了，可以保障雷锋不吃亏了。

这个机制就是驱动"地铁式"执行力系统。让雷锋做的每件事情都累积在执行力大厦里了，然后公司用后面50%的赏识性质流程、成就感流程、人品大厦流程，让雷锋有成就感。

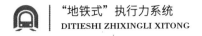
因为他任劳任怨、为人低调，他的人品大厦晋升得更高，他的执行力大厦和人品大厦在公司文化墙上，会激励更多人把工作做得更好。

第十五个主张：

德、勤、能、绩终于可以在一个模型里表达出来了！

德、勤、能、绩是我们开展绩效管理之前最早的绩效考核理念。我们实践了很多年绩效考核到绩效管理，终于今天我们可以将这四个指标在一个执行力驱动模型里体现出来了。

我们先说"勤"，即勤奋。员工有多勤奋，我们今天完全可以放在执行力大厦模型里直接表达出来了。勤奋无非是工作做得多、做得积极，早出晚归，早来晚走。那么他所做的工作具有两个特点：第一，大厦品类多；第二，大厦楼层高。这两个指标将勤奋表达得淋漓尽致。

我们再说"能"，即能力。员工有多大能力，我们今天也完全可以放在执行力大厦模型里直接表达出来了。能力强，就是做事快、办法多、效果好。而这三项指标我们也可以放在执行力大厦模型里直接表达出来了。

做事快，执行力台阶就上得快，大厦层级在短时间内升得高。办法多，我们可以用多品类大厦来表达。效果好，做事成功率高，大厦最终层级也会比其他人高。

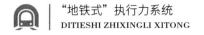
绩，就是绩效，就是工作结果。工作结果直接体现在大厦的每个台阶上、每个层级上。绩效好，层级相对就高。

德，就是品德，我们用人品大厦直接表达。员工的态度、谦卑、低调、与人为善等，全部累积到人品大厦中。

所以，"地铁式"执行力系统可以将德、勤、能、绩用一个模型统一表达出来，这是一个重要主张。

第十六个主张：

把员工的工作结果用图形表达在墙上，
员工就会有成就感！

很多公司员工做好工作后，流程就结束了，到月等着发工资就行了。这是最简单的公司动作模式。也谈不上什么文化，谈不上什么核心价值观，员工就是打工挣钱，公司也就是给员工提供一个就业机会。

而我们今天提出的这个新主张，是在流程结束以后，继续进行基于经营人心工程的赏识教育流程。而这个比例最多可以达到50%。也就是说，赏识教育越多，比例越大，员工成就感就会越高。

把员工执行力进步情况用执行力大厦模型表达出来，是整个经营人心工程中赏识教育的第一步，是对原有企业执行力现状的一个大的突破。

例如：一个员工岗位职责有五项工作，我们就可以为他建立五个执行力大厦模型。

第一个模型：有可能是陌生的新工作，那么执行力大厦就体现为从陌生到熟悉，从熟悉到熟练，从熟练到精练的过程。

第二个模型：可能是较熟悉的工作，执行力大厦模型就可以体现为每天做好的程度，坚持天数，就是大厦的进步阶梯。

第三个模型……

以此类推，员工每做好一项工作，其主管就及时地给予打对钩。上台阶，就有成就感。

每个大厦，就是员工的成就，慢慢时间长了，员工养成习惯了，员工每天的目标就是想给自己的大厦加一层楼。

员工有了成就感，他就愿意把工作做得更好、更完善、更完美！

主管也不用总是督促，你要把工作做好，多操点心等没完没了的嘱咐了。

让员工干好，变成员工自己主动愿意做好，也是这么来的。

第十七个主张：

员工能力成长到一定程度颁发证书，
员工会有成就感！

执行力大厦模型、进步阶梯、每个台阶，还只是经营人心工程的承认部分。

台阶是第一级成就，累积成大厦是第二级成就。

第三级成就就是颁发各等级证书了。这个证书空间很大，可以设计很多等级，这些等级构成了新的荣誉进步阶梯大厦。

比如，同样一项工作，坚持做好 21 天，我们就由部门经理隆重地颁发好习惯证书，大家给予掌声！

再如，同样一项工作，坚持做好 90 天，也就是 3 个月，我们就由总监级领导隆重地颁发小学毕业证书，大家给予掌声！

再如，同样一项工作，坚持做好 180 天，也就是 6 个月，我们就由副总级领导隆重地颁发初中毕业证书，大家给予掌声！

再如，同样一项工作，坚持做好 270 天，也就是 9 个月，我们就由总经理级领导隆重地颁发高中毕业证书，大家给予掌声！

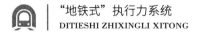
再如，同样一项工作，坚持做好 360 天，也就是 12 个月，我们就由董事长隆重地颁发大学毕业证书，大家给予掌声！

证书越来越有分量，员工的成就感也越来越大。

颁发证书的人的职位级别越来越高，员工的成就感也越来越大。

这些都是经营人心工程的赏识教育工作，我们多做一点，员工的成就感就更大一些，工作的积极性就更高一些。那么他对应的本职工作，质量也会更高一些。如果是制造产品，那么产品质量就会更好；如果是提供服务，那么服务质量就会更好。这就是赏识教育投入相对多一点的意义。

第十八个主张：

员工一个大的里程碑，邀请亲友团一起到公司见证荣耀，员工会有更大的成就感！

经营人心工程分为两部分：一部分是员工自己在公司里持续得到公司承认赏识；另一部分是邀请亲友团到公司现场见证员工在公司所获得的荣誉。

第一部分同样分为两步：

第一步，员工本人执行力情况用大厦来标明进步情况，用模型来认可工作执行情况，这是一级成就感。可以说，这是"地铁式"执行力有别于以往公司的表达执行力的方法。

第二步，随着员工不断进步，不断学习，执行力水平不断提高，执行力大厦的里程碑不断增多，公司对这些里程碑进行更高层次的赏识。比如，小学毕业要颁发小学毕业证书，初中毕业要颁发初中毕业证书，这是更高一级的成就感。

第二部分：为继续增强员工更高成就感，公司设计更高级别的赏识活动，邀请员工亲友团特别是员工的父母到公司一起见证员工一年大学毕业，总经理亲自颁发执行力大学毕业证书。这将是员工更高级别的成就感。

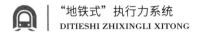
　　经营人心工程包括五个部分：承认、赏识、感动、感染、感恩，让员工感恩之心有感而发。

　　每次荣誉的获得，都给员工机会，让员工发表感言。员工感动，公司各级领导也会感动，互相感动，感染了每个人！这样的场面将是激动人心的！这样的场面就是员工忠诚的理由！

第十九个主张：

把员工执行力进步阶梯模型镶嵌在公司成长模型中，员工也会有成就感。

承认和赏识活动不一定非要一个点赞或一个赞美，而是将员工执行力进步阶梯模型及人品大厦成长模型一起不断地镶嵌在公司成长模型中，员工就会有融入感、有成就感。

以往公司开会或在领导谈话中，也经常提到，公司取得的业绩中都是全体员工共同努力的结果，是与大家付出的辛苦分不开的，记功账里每个人都有一份。

这是领导激励团队时讲的话，虽然员工听了这些话心里比较暖和。但是，每个员工到底在公司发展中起到多大作用，还是相对比较模糊的。

而这种相对模糊，就会带来很多问题。

有时，老板心情高兴，看哪个员工都好，工作也不错，人品也挺好。

但有时，老板不高兴，看谁都不顺眼，工作也不行，业绩也不好。

这时，员工就是"被告"，处于这种被动局面，自己是说

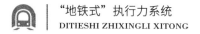
不清楚的，是扭转不了的，且有时越描越黑。

所以，有时公司老板也不爽，员工也不爽，公司气氛很不好。

如果这时有一个相对客观的执行力模型，老板可以随时看到公司文化墙上，各部门员工是如何进步的，其主管是如何点评和点赞的，员工下一步发展的潜力在哪里，下一步挑战的目标在哪里，老板就不会经常不高兴了。

这时，员工也不用担心自己的工作老板到底看到没看到，工作是否得到了公司的承认。员工不但不用这么心累，相反因为有执行力模型进步阶梯，因为有主管定期的点赞，因为有各种证书的颁发，而这些全都印证在执行力模型里了，且镶嵌在公司成长模型中了。

所有这些模型镶嵌工作，直接自觉不自觉地变成了员工的成就感了。

第二十个主张：

员工关键表现用摄像机摄下来，员工也会有成就感！

现代企业，我们可以把员工成长、员工进步及公司发展的关键镜头拍摄下来，这也可以给员工带来参与感和成就感。

这样的想法，也是因为有了丰富的执行力模型以后，以及有了经营人心总规划后才出现的。

与其说是拍摄员工荣誉、员工进步、员工成就，而其实质是拍摄执行力的进步情况。这是用放大镜在看员工努力程度、员工学习情况、员工进步情况、员工潜力情况等。

如果我们在这一点上达成共识，就不会再考虑为此而增加的拍摄成本了，其实没多少钱，但是对公司、对员工很有意义，也很有价值。

这一切都是因为，我们设计了执行力模型以后，才出现了新的公司动作模式，这在以前是不可想象的。以前也有，但大部分都是为了拍摄公司宣传片而临时找的员工，虚拟情节。而我们拍摄的是员工真正的执行力进步情况、员工成长情况、员工突破情况、员工自我完善情况等。

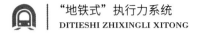
　　从这一点来说，原来执行力"软"的现象。现在可以变成相对"硬"一点的了，这也是"地铁式"执行力系统中"地铁"意义的由来。

　　员工的成长、员工的进步、员工的突破、员工的完善、员工的执行、员工的业绩、员工的自我控制等，都可以变成地铁的每一个站点。

　　每个站点，用镜头拍摄下来，员工进步有阶梯，努力有劲头，幸福在路上，就可以编辑成一个微电影了。

第二十一个主张：

公司真正的产品其实是员工的进步，而其他物质产品和服务只是员工进步过程中捎带的"副产品"。

从前面二十个"地铁式"执行力系统实践体会中，大家应该能感觉到了一个新主题浮现在眼前了：公司真正的产品其实是员工的进步，而其他物质产品和服务只是员工进步过程中捎带的"副产品"。

以往我们的管理，我们就是一味地追求产量、追求业绩、追求发展，甚至追求世界五百强的规模。

而我们仔细回想一下，在追求这些产量、业绩、发展的同时，伴随着产量的到来、业绩的产生、公司规模不断壮大。还有一个就是20%的精英碾压着80%员工的努力奋斗，而这80%的员工只是养家糊口，默默无闻地为公司奉献着。如果一不小心，就丢掉了赖以生存的"饭碗"啊。

现在已经是21世纪了，城市化程度已经非常高了，以人为本的程度我们更应该提高了。

这个提高就体现在公司对员工的进步上，要给予更多的荣誉和成就感。今天，我们有执行力进步阶梯模型了，也有能力

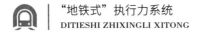
能够关注员工更细致的进步了。

　　而这种细微关注员工进步阶梯，实际上带来的副产品就是公司业绩，就是公司绩效，就是产品质量越来越好，就是服务态度越来越好，就是公司更快速地发展。

第二十二个主张：

> 任何一个公司运营都是需要有一个主
> 节奏模式推动的！

我们从第一个执行力新主张开始，大家可能发现了，"地铁式"执行力系统是适合各种规模企业、各种类型企业的一个主节奏推动模式。

这个模式的最大特点是提出了经营人心工程的最多50%的精力流程。

也就是说，在没有提出后50%基于赏识教育的经营人心工程之前，企业都是针对第一维度如何提高执行力，如何提高业绩，反复折腾中层，反复折腾基层员工。大家都疲于应付各种会议、各种检查、各种审核工作，这些全都是第一维度的事，大家都很累。

反正老板看到中层在闲着，肯定会找一些事来折腾。但没有任何理论支持，唯一的标准就是不能闲着，因为到月老板要发工资。

而我们现在提出经营人心工程以后，实际上又增加了五个维度。这个五个维度是基于赏识教育的经营人心工程的工作，或叫作流程，有了这五个维度和五级流程，整个公司就像是有灵魂了、有精神了！

为什么说有魂魄了、有精神了！

因为这五个维度是放大镜，是往员工执行力细节上照的，是往员工心里照的。

这一照，会照出员工的积极性，会照出员工的工作质量，会照出员工的服务质量，会照出员工的进步阶梯，会照出员工的执行力大厦，会照出员工的潜力，会照出员工的成就感，荣誉感，会照出员工的勤奋，会照出员工的忠诚！

公司想挖掘的一切基于企业文化的好的东西，想挖什么就挖什么，但一定是在主节奏之下开展的相关活动。

正是因为有了一个主节奏推动模式，所以根据公司实际情况，公司想开什么花，就开什么花。

第二十三个主张：

总经理是真的能够解放的！

总经理解放不是什么都不管了，而是只管理第二维度到第五维度的事了，没那么沉重了。

这句话是什么意思？

我举个简单例子：为了让员工执行到位，原来总经理要给中层经常开会，如质量分析会、生产调度会、行政例会等。在例会结束后，审批会议纪要，会议纪要下发执行，执行结束后还要再听秘书汇报，这是总经理忙的第一维度的事。

运行"地铁式"执行力系统以后，是这样的情况：

各级员工在中层主管的见证下，各项工作从不会到会，从不熟悉到熟悉，从熟悉到熟练，从熟练到坚持做好多少天！员工操作手册从一级流程到二级流程，再到三级流程，所有关键绩效指标全部受控。

员工坚持 21 天做好后，得到了主管颁发的好习惯证书；坚持 3 个月时，得到经理颁发的小学毕业证书。原来的各项周例会，现在改成季度会议。会议内容，总经理只需要听一下各

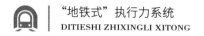
个部门颁发证书情况是否正常，并看一下各级主管赏识教育做的质量，最后看一下质量报表数据是否是正常曲线。

会议结束后，不需要整理会议纪要，也不需要审批会议纪要，更不需要在执行后听秘书汇报整改结果。

晚上下班，总经理召集中层及成长突出的基层员工一起聚餐，大家快快乐乐地分享着各个部门的执行大厦成长的各种花絮。

这样的过程，员工是"原告"，中层是"原告"，总经理更是"原告"，所有人都解放了、都轻松了。

这样的解放，是伴随着公司质量持续提高，服务态度持续变好，公司绩效持续提高几个百分点，员工工作强度减少一半，中层工作强调减少三分之二。

第二十四个主张：

> 运营一个主节奏推动模式，吸引社会人才也会更容易一些的！

公司有了主节奏推动模式——"地铁式"执行力系统，公司就有了灵魂，有了团队精神，有了关于员工潜力如何在短时间内被快速开发的美丽的故事向社会传播。

我们不是生产产品的，我们是生产员工进步的；我们不是提供服务的，我们提供的是员工学习力，提供的是员工的潜力如何被开发的！

我们对员工的基本要求并不是很高，具备一般的专业素质就可以了。到公司后，公司会把你纳入人才开发生产线，你在生产线上会有序地被驱动，这就是管理生产线。

公司是这样宣传的，实际运行也是这样表里如一地运行的。

除此之外，公司还有序地开发员工人品大厦，特别是公司的基于赏识教育的进步阶梯文化，让员工进步有阶梯，努力有劲头，幸福在路上。员工会把在公司的成就感、荣誉感经常带回家中，让家人与之一起分享。

这样公司主轴文化价值观，就是吸引人才加盟的一个金字

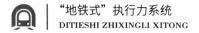
招牌。

这些的主轴故事被主招聘官讲出来，招聘有底气、有信心，面试人才也会产生眼睛一亮的感觉。

吸引人才顺理成章，水到渠成。

第二十五个主张：

运行一个主节奏推动模式，新员工成活率会很高！

有一句话，叫员工因企业而来，因上级而走。很多新员工看公司挺好，但入职后却发现，和自己的上司主管合不来，公司哪里都挺好，就是和上司无法相处，最后又不情愿地离开公司。

新员工为什么和主管领导合不来？这个问题的原因很多。

有可能是新员工能力问题，如果是能力问题，属于正常淘汰，不在我们的讨论范围之内。

如果不是能力问题，那么新员工离开，特别是公司给予了很多培训，最后员工还是走掉了，公司损失是较大的。

这个员工离职，进步无阶梯，努力无尽头，累死在路上。

那么如何让新员工能更多地成活一些呢？

我们给出一个新主张，运营一个新主节奏模式，即"地铁式"执行力系统。

这个模式驱动两个大厦：一个是执行力大厦，硬指标大厦；另一个是软大厦，人品大厦。

两个大厦都是以进步阶梯加赏识教育为主要驱动力,让主管及时为下属新员工上每个台阶及时进行评价、点赞、赏识!让新员工进步有阶梯,努力有劲头,幸福在路上!

这样一个机制安排,最大的好处就是改善了上下级关系,改善了各个部门的员工关系,让新员工找到了家的感觉。

因为新员工刚入职,最担心的就是工作是否能够得到上级领导的认可,全家都为他捏一把汗!

但如果有这样一个进步阶梯赏识机制,新员工那颗悬着的心,每天都会得到正能量回复。他对这个新公司,就会有好感,工作积极性就会很高,那么他留下来的可能性就会大大增强。

第二十六个主张：

任何管理模式想起到作用，都有一个前提，那就是当事人一定要有强烈的企图心。

我们经常听到各种经典的招聘案例，说某某应聘者本来不符合公司招聘标准，但其本人有强烈的企图心，就是想把工作干好。他的企图愿望超过了所有的应聘者，最后主考官在平衡人选综合表现时，这个人就脱颖而出。

我们经常说态度决定一切，其实就是良好的出发点，即想把事情干好的程度。

我们前面讲过一个前台秘书经典案例，她之所以能够被提拔那么快，就是因为她所有的工作表现，都展示出了她个人强烈地想把工作干好的程度。对于这样的员工，任何老板都喜欢、都欣赏。而且任用这样的员工，风险非常小，只管让她拼命往前闯就行了。只要在方向和技巧上稍加引导，这样的员工进步速度就会突飞猛进！

说到这里，大家应该会豁然开朗了吧！用一个有强烈企图心的人，再加上"地铁式"执行力系统，进步有阶梯，努力有劲头，幸福在路上！驱动完主业务流程，再驱动公司软实力包装流程，一个优秀的人才很快就会水到渠成。

第二十七个主张：

管人和管事完全融合在一起进行管理，就像李小龙截拳道的进攻和防守可以一起来一样！

管人凭制度，管事凭流程，这是我们管理前辈总结的成功经验。对不对？对，而且确实让我们的管理思路清晰不少。

特别是最先进的管人制度已经细化上升为国际最佳实践17门功课。这不能不说一种专业的巨大进步。

而我们今天提出的新主张是，管人和管事，完全融合在一起进行管理。这种思维逻辑就像李小龙的截拳道：进攻和防守是一件事，支持理论是太极理论。这样的武术在搏斗中更占优势。

管人和管事的融合，就是员工上升台阶，就是在管事，就是上升台阶的数量，就是人的能力和绩效情况，以及执行制度情况。

所以，管事就是在管人，管人也是在管事，辩证统一。

员工执行力大小和绩效多少用管事的台阶多少来衡量，这样就实现了管人就是在管事，管事就是在管人的境界。

除了管人和管事合并统一外，还要管出员工的积极性！

　　进步有阶梯，努力有劲头，幸福在路上！这描述的人就是做事的积极性，管人、管事、管积极性三位一体，直接实现。

　　员工有了积极性，团队就有战斗力，公司就有凝聚力！

　　有了积极性、战斗力、凝聚力，公司就有好的文化故事，最后实现公司口碑和品牌张力。

　　所以，管人和管事合并一起是一种创新思维，是新管理实践尝试！在以后的管理实践中，我们要更具体地把管人和管事的模型探索出来，在后面的文章中陆续发布。

第二十八个主张：

进步阶梯是实现目标的法宝。

目标是管理方法中一个很重要的手段和工具，是统一全体员工集体意志的重要工具，大家众志成城，聚焦一个目标！然后通过指标分解工具，实现千斤重担大家挑，人人肩上有指标。

目标管理到今天为止，应该说该起到的作用，已经得到管理界的普遍认可。

那么，进步阶梯和目标有什么关系呢？

进步阶梯是小目标，是对目标的进一步分解。每个小目标实现起来就容易多了。

进步有阶梯，努力有劲头，幸福在路上。

所以说，进步阶梯是实现目标的法宝。

例如：日本有一个马拉松长跑运动员，连续多年都拿冠军。他在要退役时，记者采访他，他才透露了秘诀。

他的做法就是把42公里分成42份，每一份一公里。先去探好路，每一公里做一个标记。开始跑时，他心中就没有42公里大目标，只有42个一公里。他每次都认真地跑一公里，保证在一公里以内是第一名。然后跑第二个一公里，再保持是第一名。就这样，42 个一公里跑完，自然就是第一名。

这就是大目标变成小阶梯的奥妙！正是因为有这样的一个机制，这个运动员每次都能拿第一名。

工作生活，都是这个道理。

前面我们举的例子，爬长城 18 号烽火台。从下面看最上面，简直能愁死人，一般没有毅力的人，爬都不想爬了。

同样的道理，我给他们出主意，把头低下不看上面。我们走过 50 个台阶歇一会儿，吃个水果。再走 50 个台阶歇一会儿，我们喝酸奶。下一个 50 个台阶我们………

就这样，我们一路有说有笑，讲了几个小笑话，不知不觉就到顶了。

这时我们再往下看，简直不敢相信自己亲自爬了这么多台阶。

这就是进步有阶梯，努力有劲头，幸福在路上的道理。

第二十九个主张：

"领导满意制"要改为"员工满意制"，
全面颠倒过来，公司业绩会翻番！

员工的积极性是什么时候消失的？就是员工干好工作后，领导连看都不看一眼！于是，员工的积极性消失了。

员工再也没有理由做得那么出色了。特别是新员工到了以后，在他（她）热情高涨，想大干一场时，结果发现，自己把工作做好了，领导连头都不抬一下。他（她）再看看其他员工，发现，没有人像他（她）这么卖力地把工作干得这么出色。于是，他（她）的热情、他（她）的温度，一下子就降下来了。一个新人就这样被"染黑"了。

我虽然说的是一个个案，但是在全中国企业里普遍存在，而且比例相当大。

在某种程度上，这一点就是所有企业不那么突出优秀的主要原因。这个主张，是我见过几百个大大小小的企业之后，发现的这个规律。可能很多人会不同意我的见解，但我要强烈坚持这个主张。

中国企业，无论是国有企业，还是民营企业，领导满意制都是最突出的，尤其是国有企业典型的机制了。所有人都向上看，都抢着让领导满意。

领导一旦满意，加薪就有指望了。

领导一旦满意，晋升职位就有希望了。

领导一旦满意，发放奖金就会多发些了。

领导一旦满意，……

这样一个机制，让聪明的员工发现，其实把工作干好并不是很重要的。

有的员工甚至衍生为"修信息墙"，专门投其所好。领导喜欢什么，就汇报什么！

所以，领导一见到这样的员工，就很容易"满意"。

于是，员工都看出来了，会干的不如会说的，会干的不如会汇报的。

于是，基层工作特别是脏、乱、差的活，更没人干了。

领导的官僚作风也是这样一个机制催生的。

基于此种种问题，我提出"领导满意制"改成"员工满意制"，各级领导的眼睛全都向下看，一个企业的业绩就会翻番。

因为所有领导的眼睛都向下看了，各级干部和员工再不会偷懒了，工作干好了，领导全都看在眼里了。因此，所有员工都有积极性了，那么企业业绩翻番是顺理成章的事。

基于此，我提出领导无论多忙，给下属及时评价工作结果应排在所有紧急重要工作的前面。

只有坚持这样一个机制，"领导满意制"才能转变为"员工满意制"。

否则，这个观点很难落地实施。

第三十个主张：

公司团队的动力源泉就在主管对员工的及时真诚评价里。

今天我家小孩把屋地拖得非常干净，每个死角都清理得干干净净。这是小孩长这么大，第一次把屋地拖得如此干净。

孩子拖完地，就等着她妈妈评价和表扬呢！

但是她妈妈却说，做点好事，非要让人表扬啊！

孩子听了这话，感觉心有点凉！

我说："孩子做得这么好，如果你不及时评价和表扬，孩子下次就再也没有做好的动力了。"

孩子听了我的话，她说："爸爸，你说得太对了。"

后来她妈妈由衷地说："你拖的地，比你爸爸拖的干净一百倍。"

孩子听了这句话，我看她的表情，美滋滋的。

孩子这样，员工又何尝不是这样呢！

员工所有的动力源泉，就在主管及时的评价赏识里。

这一评价赏识原则，是团队管理最核心的要诀。不是一个简单的管理原则，可做可不做管理原则。

以往领导存在一个巨大误区：员工干好了是应该的，为什么要评价表扬呢？

时间长了，不是惯出毛病了吗！领导那么忙，哪有时间天天表扬员工呢！

这样说，就大错特错，违反了一个大原则。

如果不及时评价赏识，员工就有理由开始打折，反正把任务完成就是了，没必要做得那么好！

久而久之，每项工作都这样打折下来，各项工作交叉在一起，工作就没有质量了。反映在产品上，质量就打折了；反映在服务上，服务就打折了。

而最关键的就是员工的积极性打折了！

积极性一打折，执行力就打折，绩效就打折！

所以，看似简单的一个评价或点赞，里面蕴含着公司重要的执行力，蕴含着公司的绩效，蕴含着公司的工作品质，蕴含着产品质量，蕴含着服务质量，蕴含着公司的战略落地！

所以，公司团队的动力源泉就在主管对员工的及时真诚评价里。

这是我执着坚持的重要原则和主张。

第三十一个主张：

主管领导坚持及时真诚评价，可以使公司利益最大化！

千万不要小看这一个强制性的小动作，主管领导坚持及时评价，能使公司利益最大化！它是所有领导工作中最重要的一项工作，要排在所有紧急重要工作的前面。

如果给上级的管理工作定一个标准的话，排在最前面的一项工作就应该是及时给下属真诚的评价和赏识。

这项工作为什么这么重要呢？因为主管领导对下属员工的及时真诚评价，它关系到公司最大利益的最重要环节。

第一，及时真诚评价能够客观公正还原最基层工作完成质量。

第二，及时真诚评价能够激励基层员工将工作持续做好。

第三，及时真诚评价能够保持基层员工持续的积极性。

第四，及时真诚评价能够保证基层工作质量数据的真实性。

第五，及时真诚评价能够保证基层员工表现数据的真实性。

公司业绩大厦的根基，有了以上五个机制保障，公司运营管理成本整体会降到最低水平。在公司其他资源不变的情况下，相当于公司获得了最大的利益。这是正面表述，但好像看不出很大的利害关系。

现在我们从反面看一下，大家就会一目了然。

如果主管领导没有给予及时真诚评价，员工就不愿意把工作做得太好，差不多就行了！这样一个工作质量氛围蔓延开，员工你看我，我看你，都得过且过。于是，工作质量开始打折，服务质量开始打折，公司积极性也在打折。最后，公司整体气场能量场也在打折。

我算过一个数，如果是十个步骤，每个步骤都打九折，最后是 0.36。从这样一个数据来看，大家是不是一目了然！

如果主管领导给予及时真诚评价，员工积极性高涨，都向 110 分努力，10 个 1.1 相乘，最后是 6.6。0.36 和 6.6 相比，是不是天壤之别？这就是公司最大的利益之处！

这就是优秀公司和一般公司的比较差别！

而这个比较根本差别溯源到管理环节的最重要部分，就是基层主管及时真诚评价下属工作。

因此，主管领导坚持及时评价，可以使公司利益最大化！

第三十二个主张：

评价并累积员工执行力大厦的，年终评先进一目了然，根本不用评选。

工作一年了，大部分企业年终都会有一个评选优秀员工活动，我也经常参与这样的评选活动。

这个评选活动目的就是让大家根据预先设计的几个关键绩效指标民主投票，选出大家公认的优秀员工，以示激励和表彰。

本来这个评选活动是比较公平的，无论是指标选取还是评比规则，都比较客观公正，但每次评选结果经常是令人啼笑皆非。

甚至有时都没办法公开唱票，最后由领导根据评选结果，再内定一下。

出现这样的结果就是因为一年了，做了很多事情，员工都有很多表现，有的有一些亮点，然后又有几个毛病。大部分员工都是"血肉模糊"，好坏参半。

现在我们用新的评价机制，评价并累积员工执行力大厦，年终评先进一目了然，根本不用评选。

员工的这些执行力大厦表现，都在员工文化墙上展示着呢！

每个员工执行力提高了几个台阶，一目了然！

每个员工绩效情况累积了几个大厦，一目了然！

每个员工坚持了几个习惯大厦，一目了然！

每个员工学习能力上了几个台阶，一目了然！

每个员工帮助了几个员工成长，一目了然！

每个员工能力有几项突破，一目了然！

每个员工……一目了然！

所有这些表现，都是各部门员工一起拼下来的！

到了年底，领导们最欣慰、最省心的一件事就是，老板带领着各部门负责人，沿着文化墙走一圈，员工是如何优秀的，一目了然！

其实没走看之前，老板心里就已经有数了，但是让各部门经理一起看一下自己的下属表现，互相学习一下，取长补短！

最后，老板让各部门负责人都谈一下自己的看法，然后把公认的优秀员工一年来积累的好习惯证书、小学毕业证书、中学毕业证书、大学毕业证书等都拿出来作为参考，最后确定并颁发奖金和荣誉证书。

所以，评价并累积员工执行力大厦，年终评先进一目了然，根本不用评选。

第三十三个主张：

主管学会真诚评价和赏识教育，可让管理效率提升几倍！

作为基层领导的很多主管有一个误区，认为员工工作做好了就是应该的，如果没做好就批评。

因为这个误区，很多主管只会批评，不会评价和赏识，且已经养成这个不好的习惯。

但有一个秘密，很多主管都不知道，那就是主管学会真诚评价和赏识本领，可让管理效率提升几倍。

认识到这个高度以后，主管每天不管多忙，都要留出充分的时间给下属，对他的工作结果进行真诚评价和赏识。

其实评价工作很容易，并不复杂。评价工作属于第二维度的工作，某种意义上它专属于领导性质的工作。它也是专门对下属工作好坏，到位还是不到位，有没有提升空间等进行的一个定位式表达。

而很多事例说明，主管的一个评价，其实是对员工工作负责的体现，是对员工工作的一个有效回应。这个回应哪怕是一个批评，对员工都有好处，都会促使员工把工作做得更好。

但如果主管学会一些艺术手法和心理学方法，用赏识的方法进行评价，员工的积极性会更高一些。

这是用艺术手法让员工积极性更高，然后进行第二次激励，把员工做好的工作用大厦的形式累积起来。让员工感觉，自己做好了工作，所有成绩都是自己的，主管的核心工作就是围绕员工不断增长的业绩大厦而展开的，这会让员工积极性更加高涨。

所以，主管的评价工作除了对每一次工作结果评价外，还对不断累积的业绩大厦进行点评和赏识。这样的评价工作会越来越丰富，而不是一个单调的走过场的应付差事。

这样的评价机制就是在无限地挖掘员工的积极性，无限地挖掘员工的潜力。

公司所有主管把这个评价作用发挥到极致，公司整体运营效率会提升几倍。

第三十四个主张：

工匠精神从哪里来？从不断增长的大
厦中来！

习近平总书记提出：在职人员，无论任何岗位，都需要一种工匠精神，工匠精神可以治国，工匠精神可以安帮！

同样在企业里，如果每个岗位都有工匠精神，那么这个企业执行力一定会好！这个企业绩效也一定会好！这个企业文化也一定会好！这个企业产品质量也一定会好！这个企业的服务品质也一定会好！这个企业也一定很守信用！这个企业口碑也一定会好！这个企业品牌形象也一定会好！这个企业优秀员工也更多！

看来，工匠精神是一种发展动力，是一个动力源泉，是一盏灯，能照亮前行之路！它是一种稀缺资源！某种意义上是一种战略资源！

那么工匠精神从哪里来？为什么很稀缺？

那是因为如果没有一个机制，偶尔有了工匠精神，也会很快消失掉的。

例如：有一个员工总是第一个到公司，并且把屋地拖得很干净。他坚持了一段时间以后，发现员工都到齐了，领导才来。谁拖的地，领导根本不知道。员工还在后面说风凉话，就你积极啊，你想当优秀员工啊！

时间长了，这个员工也觉得很没劲，我为什么来得这么早啊，我为什么还拖地啊！领导也不看，员工还说风凉话，真是自讨没趣。

就这样，这点工匠精神，不知不觉消失了。

由此可见，工匠精神是需要鼓励的，是需要不断承认赏识的，是需要一个公司范围内的管理机制做保障的。否则，好不容易出现的一个"雷峰"，很快就消失了。

我们看一下，有这样的一个机制！

驱动好习惯大厦！每个员工都写出自己要建立的好习惯大厦，主管领导及时评价并赏识好习惯。

其中，这个员工写的是每天第一个来，并且将办公室地拖干净。

领导为了见证这个员工"拖地好习惯大厦"，至少也得和这名员工一起来。恰巧，这名领导好习惯写的是以身作则，每天跟员工一起早来。

结果，这个员工每天拖完地，领导都给他点赞。他的拖地大厦一天一天见长，并在办公室墙上展示出来。

领导在早会上还经常点名表扬这个员工。

结果，其他员工坐不住了，他们也不服气，我也可以早来，也制定了拖地大厦。

就这样，你追我赶，公司的员工越来越早，以前经常迟

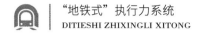
到的员工，现在都没了。以前没人拖地，现在的地像镜子一样干净。

所以，工匠精神从哪里来？从不断增长的大厦中来！

第三十五个主张：

卓越的执行力，需要驱动五个层次深度：态度、行为、习惯、意志和信念。

正常执行力一般只驱动两个层次：态度和行为，也就是良好的出发点和实际已经把事情做好的程度。

卓越的执行力，除了以上两个层次外，向更深的深度挖掘，即继续驱动习惯、意志和信念。

习惯分为五个层次级别：21 天好习惯，3 个月小学毕业好习惯，6 个月初中毕业好习惯，9 个月高中毕业好习惯，12 个月大学毕业好习惯。

意志也分为五个层次级别：一年坚强意志、两年坚强意志、三年坚强意志、四年坚强意志、五年坚强意志。

12 个月大学毕业好习惯相当于一年坚强意志级别。

信念也分为五个层次级别：一级五年坚定信念、二级十年坚定信念、三级十五年坚定信念、四级二十年坚定信念、五级二十五年坚定信念。

五年坚强意志相当于一级五年坚定信念级别。

态度、行为、习惯、意志、信念五个层次级别全部认证完

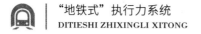
毕，实现满分是 50% 经营人心工程。

如果一个员工，全部通过五个级别信念工程，即五级 25 年坚定信念员工，那他就是这个公司最忠诚的员工。

在一个公司，熬到这个级别，是人生人格大圆满了。这是一个人的大事，也是一个公司的大事，有足够的理由举司欢庆。

第三十六个主张：

优秀的执行力要做到五个方面归位，即职责归位、流程归位、角色归位、状态归位和绩效归位。

优秀的执行力要做到五个方面归位。

第一是职责归位，就是管理职责一定要到位。这种到位表现为每个部门负责几项工作，一定要规定清楚，每个岗位几项职责也一定要规定清楚。

比如，一个部门包括五项大工作。而分到某个岗位，可能是五项小工作。职责权限要划分清晰。现在表现最全面的是用职位说明书形式来表达，一般从八个方面把一个职位任职情况全部说清楚了。

特别是我们现在又进一步创新了，把职责和操作流程综合在一起，提炼出关键控制点，每天打对钩，然后用进步阶梯形式表达，最后累积成若干个执行力大厦，工作的可控性更高了。

第二是流程归位，就是每项职责、每项工作都是有流程的。流程分为主流程和辅助流程，每项工作、每个步骤都要表达清楚，这是流程归位。

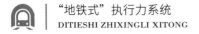
第三是角色归位。每个员工在岗位中都是扮演很多角色的。有的扮演操作者，有的扮演监督者，有的扮演老师角色。一个员工在履行一项职责时都在扮演某一种角色，这个角色在工作之前就要表述清楚。

第四是状态归位。状态归位就是干什么要像什么。表现出一种积极的执行力状态，这是每个企业老板最后期望的，员工每天风风火火，加班加点，兢兢业业。这就是一种积极的工作状态。

第五是绩效归位，就是结果归位。有以上四项归位做基础，最后实现的就是绩效归位。再通俗一点说，就是拿到了应有的结果。

以上五个归位相辅相成、互相制约、互为条件、辩证统一、缺一不可。

这五项归位也是"地铁式"执行力的灵魂核心内容。

第三十七个主张：

企业要给员工一直挖一口井的机会，
不要让员工挖一锹换一个地方了。

这是1989年高考作文题目，发人深省。当时是一个漫画，两个画面对比：一个人一直在一个地方挖井，结果挖出水来了。而另一个人挖一锹换一个地方，结果挖了很多个一锹深的小坑，最后没有一个小坑挖出水。故事寓意深刻。

这个故事最核心寓意是让我们做一件事情要专一，要一直坚持才能有结果。

所以我们的主张是，一个员工进入企业后，就要给一个员工一直挖一口井的机会，不要让员工挖一锹换一个地方，否则这个员工很多年过去了，一事无成。

如果出现这样的结局，大部分人会认为是个人问题，做事不专一，没有常性，不能一直坚持。比如，像大衣哥那样一直坚持早上到树林里练发音。20多年坚持下来，终于有星光大道海选，一举成名。这得需要多大的意志力啊！一般人是无法做到的。

但是从一个组织来讲，给一个这样的政策环境，一般普通员工都会坚持做好，做出成绩。

这个组织机制就是员工一入职，就给他累积执行力大厦。他的每一次进步、每一个台阶，都给他累积到大厦里。这个大厦就类似一口井，让这个员工为这个大厦负责，大厦累积得越多，说明成就越高，代表这个员工在这个点上挖出甘泉来了。

这样会让员工更专一，我们再配以承认和赏识教育方法，每进步一个台阶，就给予点赞赏识。让员工进步有阶梯，努力有劲头，幸福在路上。

有了这样的机制，员工积极性倍增，进步非常快，绩效非常好。而在其他公司，领导连问都不问，看都不看。而在这个公司，员工的每次进步，主管领导都真诚评价，并指导下一步的努力方向。在累积执行力大厦中，自己所取得的成就一目了然！在成就感的感召下，员工更愿意为这个大厦添砖加瓦。

这个过程就是一个员工在一个地方持续挖井的过程，而让员工持续在一个地方挖井的机制是公司给的，是"地铁式"执行力系统管理模式。

如果没有这个机制，员工就会瞻前顾后、患得患失，就像在若干个地方挖一锹就走人一样。结果在这个公司没干出成绩，又跳到别的公司，结果发现还不如上一个公司。就这样，连跳很多公司，都没能干好。若干个公司走下来，又像是第二次挖一锹换一个地方，挖不出泉水来，这是一个人的悲剧。

如果公司有了一个这样的机制，就能引导不少这样悲剧的人在一个地方挖出甘泉。所以，我强烈主张，一个公司要给员工一个这样的机制，让他在一个地方持续挖一口井，让他品尝到挖出甘泉的感觉。

第三十八个主张：

总经理的解放可以画一个解放地图。

解放总经理，总经理不是什么都不管了，而是管得越来越少了，公司越来越好了！

总经理管得越来越少了，体现为管理深度，最开始是"一嗓子喊到底"，事无巨细。到最后，只需要问一下：信念大厦修到第几级了？就仅此一句话，包括了所有基础及监督工作。

要做到这样一个境界，必须要有严密的逻辑规则逐级提升，最后总经理问的一句话就是一把钥匙，这把钥匙就可以打开一个公司的完整有效运作。

比如，在一家公司项目管理过程中，总经理逐步被解放，是要经历以下过程的，从公司初创开始。

第一级：项目部原材料都是由总经理亲自采购的；所有图纸都是总经理亲自指导审核的；所有施工队伍都是总经理亲自选的；所有木屋建设都是总经理亲自指导的；所有验收都是总经理亲自组织验收的。

第二级：委派项目经理，组织成立项目经理部，签订相关协议，还继续亲自购买所有原材料。施工图纸由结构工程师负责绘制。参与主要阶段验收工作。通过项目总经理管理项目经理。过问项目经理质量大厦、进度大厦、安全大厦、现场大厦、材料大厦。

第三级：委派项目总经理安排项目经理成立项目经理部，由项目总经理组织签订相关协议，部分原材料由项目总经理购买，审核施工图纸，参与项目启动仪式和竣工仪式，过问项目经理习惯大厦建设数量。

第四级：安排项目总经理成立项目经理部，全部原材料由项目总经理购买。项目总经理审核施工图纸，参与项目启动仪式和竣工仪式，过问项目经理意志大厦建设数量。

第五级：只过问项目总经理，项目什么时候开始，什么时候竣工，过问项目经理信念大厦建设等级，中间参加木屋封底仪式并慰问现场管理干部。

以上就是总经理解放地图。

第三十九个主张：

让办公室政治和阶级斗争含量少一点，
让空气净化一点。

谁都知道办公室政治和阶级斗争会让办公室人员所有人都心累！办公室政治和阶级斗争含量越多，办公室内耗越大，一个公司的执行力就越差。

越是集团公司的中高层，越严重，到最后都不是在拼业务能力，而是都在进行阶级斗争和人身攻击。

国有企业和国家机关表现得更加突出，再严重就是政治斗争了。

这样的成长环境和工作环境让很多正直的人望而却步。

他们都会自我安慰说这就是社会，残酷无情。

如果一个公司，所有部门、所有岗位、所有人的执行力进步大厦都展示在公司文化墙上，客观公正体现每个人执行力情况、绩效情况、进步情况、好习惯大厦，大家有目共睹，或许这种办公室政治或阶级斗争情况会好很多。

第四十个主张：

> 管理如果可以像地铁一样一站是一站，那么我们就可以出一套"地铁式"管理标准了。

在这以前，最重要的管理标准莫过于国际标准化组织出的 ISO9000 质量管理体系标准了。这是世界上第一个管理标准，每七年更新一次，现在已经是 2018 年版了。

如果说管理大部分工作都是软性的，不好量化，不好标准化，特别是管理学之父德鲁克都说管理只能是一种实践，不敢称其为一种理论，更不敢制定相关标准。由此可见，管理工作想要标准化，确实是一件比较难的事情。

管理标准的诞生和每次更新，某种意义上都是在从相对模糊到相对精确的努力尝试。

我们今天大胆地提出了"地铁式"执行力系统，对每项管理工作都进行了更具体的动作分解，那么我们离管理标准的更精确表达就更进一步了。

比如，原来管理标准里有一项：领导重视。一件事情要成功，领导一定要重视，否则员工不当一回事。这样一条标准，首先就说明这是从相对模糊到相对精确一点的进步。至少抓到

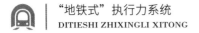
了一个很重要的因素，就是领导重视，这件事就能成功。而领导怎么重视，重视到什么程度，没有要求。签发一个手册，召开一个会议，强调重要性，就算是重视了。认证审核时，看到这些证据就认了。

而我们今天提出的"地铁式"管理标准，那就不仅仅是领导重视了，而是各级管理者都做哪些工作，做到什么程度才算到位。

比如基层主管，对下属员工做好工作后，要及时评价并承认赏识，这就是具体工作，还要建立台阶，多个台阶要形成执行力大厦。这是硬标准，主管的领导在检查工作时，也要检查承认赏识记录。这样的一个机制，让整个组织系统相对紧密多了。

否则，总经理天天都愁中层干部浮在表面，不沉下去管理基层干部，也不以身作则，说深了不是，说浅了不当一回事。

所以，管理探索这么多年了，我们需要出一套更精确一点的标准了。

第四十一个主张：

员工最不愿意不明不白地干活，如果能够得到领导持续三次肯定，哪个员工都可以变成最优秀的员工。

员工不是不愿意好好工作，好好表现。只是大部分员工工作结束之后，领导什么说法都没有。也不说你好，也不说你坏，久而久之，员工就不再有积极性了。能找恰当理由不干，就赶紧脚底抹油溜了。

所以，员工最不愿意不明不白地干活。一次行，干了；两次行，干了；三次，坚决不干了。俗话说得好："有再一、再二，没有再三、再四。"

但员工都是好员工，只是没有一个好的持续承认赏识机制。

一般情况下，一个员工在持续三次工作结束后都得到领导认可，员工的积极性就会猛增。

我曾经帮助一家烘焙企业进行生产现场管理咨询及托管。

这家烘焙企业有三个车间，最烂的车间就是原材料加工车间。特别是在月饼大战期间，面、油、糖等混合在一起弄得地面都看不到瓷砖了。锅、碗、瓢、盆全都脏兮兮。

我问班组长，这地和锅、碗、瓢、盆不能弄干净点再干活吗？组长说："忙不赢！"我又问车间主任，主任也同样说："忙不赢！"

然后，我找来两个员工，我说生产任务忙完把这块瓷砖给我擦干净。他说没问题。我明天过来检查。

结果，第二天，同样时间我过来，瓷砖变得干净多了。我问那两个员工，还能再干净一点吗？他俩说还能。我明天同样时间过来看。

结果，更干净了。我问：把这个面积再扩大两倍，跟这块瓷砖一样干净，可以吗？他们异口同声说：没问题。

结果，真的都这样干净了。我说那些锅、碗、瓢、盆能不能也像这样干净？他们说没问题。

结果，就用这个方法，全车间变成这家公司最优秀的车间。

我再去检查，发现一名 59 岁老员工在切葱花，经常往地上掉。结果，掉一个他就弯腰捡一个，地面一直保持干净。

我就问这名老员工，以前你也这样吗？他说不是，以前地很脏，掉就掉了，最后统一收。

"但现在，整个车间都这么干净，我不忍心看地面有一点异物。"

这个故事说明了，员工都是好员工，只要主管能持续赏识，员工都能变成优秀员工。

第四十二个主张：

给员工建立五个成长大厦，即执行力大厦、人品大厦、职业生涯大厦、信用大厦和财富大厦，实现对员工持续激励。

我们经常说的名车豪宅世界游，都是基于物质的。而物质激励是短暂的，并容易导致员工越来越自私。特别到了一定富足后，他没有前进动力了。只有精神激励是长远的。

要想能够长期持续激励员工持久干好工作，在他进步的各个状态、各个层级，对他都有激励作用，我们可以基于精神层面设计五个成长大厦：

第一，为员工建立执行力大厦。它是一个员工永远持续成长的大厦，没有上限。这样，员工在成长到一定阶段就不至于突然迷茫了，没有方向了，否则会影响一个员工继续前行的动力。

第二，为员工建立人品大厦。这是新课题、新想法、新要求。俗话说："德不配位，必有灾殃。"我们必须要给员工积累人品大厦，特别是员工不仅要求自己成长，更愿意帮助其他员工成长。一个公司员工人品整体成长了，素质整体提高，让人品大厦和执行力大厦共同成长，才能驱动员工德、智、体全面发展，确保领导继任人才持续不断。

第三，为员工建立职业生涯大厦。让员工职位成长没有上限，没有天花板。从菜鸟到主管、经理、总监、副总、总经理、董事长再到工业局局长、市长、省长、部长、中央政治局常委，看看一个员工一辈了到底能爬多高职业生涯大厦，这样才能不忘初心。

第四，为员工建立信用大厦。无信不立，让员工从此保护自己的信用像保护自己的眼睛、像保护自己的心脏一样倍加珍惜。每个公司员工都这样珍惜信用，那么全社会信用就会越来越好。

第五，为员工建立财富大厦。一个员工一生到底能积累多少财富，企业帮他修建一个财富大厦。他在驱动其他大厦成长的同时，财富大厦也同比提升和成长。这种激励方式使物质激励变成了精神激励，员工才不至于越来越自私。

通过以上五个成长大厦综合驱动，员工会综合发展，企业也会综合发展，员工不偏激，实现持续有激情。这样，员工和企业会实现稳步持续发展。

第四十三个主张：

员工主动愿意干工作和耐着性子干工作是有天壤之别的！

为什么好多老板都希望员工自己主动愿意干工作？

因为员工主动愿意干工作和耐着性子干工作是有天壤之别的！也就是说，区别太大了！

主动愿意干活，自己找活干，自己动脑子干，用智慧干，经常让领导出乎意料的惊喜，领导是相当省心的！

而员工被动干活，耐着性子干活，例行公事干活。推一下，动一步，不推就不动，领导天天烦死了！既要思考战略，又要思考如何让员工愿意干活！

从以上两个方面我们可以看一下，差别就出来了。

两相对比，至少差五倍绩效！

举个简单例子：两个同时进入公司的同班同学，一个叫小王，一个叫小李，两年后小王从主管升到了经理，而小李还是普通员工，后来小李就找到了公司董事长问为什么？

董事长让他俩同时到菜市场给员工食堂买五斤西红柿。

小李一会儿就回来了，给董事长汇报，今天没有西红柿。

董事长说："好，你去忙吧。"

过了一会儿，小王回来了，手里拎了五斤土豆。小李就笑话小王，老板让你买西红柿，你搞错了吧？

董事长也跟着问。小王不慌不忙地说："我到食堂问厨师了，昨天刚吃完西红柿，有几天没吃土豆了。结果我到菜市场，发现确实没有西红柿，但土豆挺多，质量又好，价钱又便宜，所以我就买了五斤土豆，我想老板要去也会这样做吧！"

董事长看着小李问："小王说的有没有道理？"这时，小李把头低下了。

这个故事的对比，很鲜明地看出，员工主动干活，用智慧干活，愿意干活，和被动干活，例行公事干活，差得相当远啊！

一件事就能差这么多！一两年下来，两人的职务相差就大多了！

第四十四个主张：

ISO9000 标准审核的理论依据是"有足够少的不合格才算优秀"，而"地铁式"执行力系统的理论依据是足够多的合格变成更优秀！

ISO9000 标准审核的理论依据是："有足够少的不合格才算优秀。"理论上是先进的，但执行起来，审核队伍尤其不受欢迎。因为说是出发点，找到足够多的证据证明有效。而实际上无论是内部质量体系审核还是外部第三方监督审核，都是在找毛病，被审核的部门很不愿意接受审核，都找各种理由延后或推掉此项工作。某种意义上，这种质量管理体系审核已经是一种形式主义了。

甚至严重者，审核员出具不合格报告，受审核方不承认、不接受，甚至把审核员告状给领导，领导也很无奈，这样的官司不好裁定。

ISO9000 标准审核造成当事人是"被告"心理，让员工心里越来越抗拒。

"地铁式"执行力系统的理论依据是足够多的合格变成更优秀，是"原告"心理感受，员工进步有阶梯，努力有劲头，幸福在路上。

企业管理发展到今天，技术已经非常成熟了。任何工作都可以分步骤、分流程进行操作，每一步流程都可以看作一个进步台阶，员工只需要累积台阶成大厦就可以了。每一次进步都有主管及时评价和赏识，并指导进步方向。员工一点都不困惑了。

在主管的不断承认赏识下，员工执行力只能会更好，提高得更快。包括企业管理12门功课、产权管理、战略管理、组织管理、营销管理、质量管理、人力资源管理、激励机制管理、财务管理、公共关系管理、行政管理，管理监督及企业文化，全都可以分解成进步阶梯。

所以，到今天为止，我们完全可以把不优秀变成更优秀了。

第四十五个主张:

培训、咨询加托管才能真正对提高企业执行力起到有效作用。

培训是导入观念,就像共产党宣言一样,要说出自己的主张和执行纲领。

用什么理念,用什么方法,运行什么体系,有什么样的成功案例等。

企业发展到今天,已经有过太多的理念和管理模式了,现在要整体再升级了,要有一个全新的理念、全新的操作方法才能从根本上对企业产生作用。

咨询是根据导入的观念,针对企业的具体情况制定切实可行的系统方案。光有观念,没有方案是不行的。

托管就是委托管理,是将咨询阶段制定的具体方案在管理专家指导下实施运行。光有方案,没有专家在身边辅导,方案很难落地,没有见效,特别是容易走形、走样。

因为培训、咨询加托管,是对一个企业实施变革的正常流程。对于正常流程,很多企业只接受了培训,这只起到三分之一作用。有的企业又进行了咨询,又起到三分之一作用,加起来只有 60% 作用。还剩下百分之四十要靠委托管理，才能取得最终的效果。

如果还想取得再好一点的效果，就用培训的方法做托管，就会更加强化托管效果。因为观念导入时，只进行了一个层面宣导。托管阶段再持续培训，会再加深四五个层面的导入，会让企业执行力提高得更高一些。这是我这些年的实践体会。

如果还想取得更好一点的效果，就用咨询的方法做托管。也就是说，第一次制定的咨询方案，只是第一层面的。随着实践的深入，还需要有更深的实践方案需要制定，这时就要用咨询的方法制定更切合实际的方案交给托管运行。

如果只为企业做培训，我的主张最好是用托管的方法持续为企业做培训。因为如果培训完就走，根本不管培训内容是不是落到实处，这是对企业不负责任的。而一旦托管了，培训的内容才能与时俱进。

如果只为企业做咨询，我的主张也是最好用托管的方法为企业做咨询。因为不托管，你对企业的了解肯定不深入。了解不深入，制定出的咨询方案肯定与企业实际情况较远，以后企业实施就比较困难。

根据以上综合分析，我的主张是用培训的方法做托管；用咨询的方法做托管；用托管的方法做培训；用托管的方法做咨询。这样做，对提高企业执行力会更有效果。

第四十六个主张:

团队成员共同遵守一个好习惯,会让
团队凝聚力倍增。

有目标叫团队,没目标叫团伙,这是老师教给我们关于团队和团伙最基本的区别标准。

也就是说,有目标,团队就能聚焦,能一起干成一件大事。而没有目标只是聚在一起,大家漫无目的,就会成为一盘散沙。所以,目标很重要。

今天我的观点是,团队有了目标以后,如果能够共同坚持一个好习惯,团队更会众志成城,也会给团队增加一个核心凝聚力。

为什么这么说呢?

光有目标,中间散了,没有过程控制,团队战斗力就不强。

但如果中间大家都坚持一个好习惯,你追我赶争上游,团队气场立刻凝聚。

举个例子:我亲自调整过的一个团队。这是一家通信服务公司,办公室有四五十人左右。公司有目标,部门也有目标,但平时就连早上上班考勤都很困难,甚至有些部门因为个别人经常迟到而早例会都无法正常召开。

于是，人力资源部门想办法，迟到一次罚款10元。

结果没用，因为10元钱人家都不在意。

后来加到50元，结果大家怨声一片：不就迟到吗？干什么这么严重。

大家都反对，无法执行。

最后，我想出一个办法，大家一起积累一个好习惯，早上都不迟到，坚持21天，总经理给每个养成好习惯的人颁发好习惯证书。

没有坚持下来的，也不罚款，当众蹲10分钟马步。

结果第二天，一个迟到都没有了。

第三天、第四天、……

到21天，真的一个迟到都没有了。

总经理在给大家颁发证书时说：看来，大家共同遵守一个好习惯，可以很好地增强团队凝聚力啊！

因为为了不迟到，很多员工都提前5分钟从家出发了，结果到公司却提前了半小时。

提前到的同事，越来越多。大家发现早到了，有点空闲时间，就把公司生日礼物送给大家的书籍，都有时间看了，平时太忙，根本没时间看，这回有时间了。

因为大家共同遵守了一个好习惯，却成就了两件好事。从此，公司团队气场非常积极，非常正能量。

第四十七个主张：

企业盈利状况足够好时，要多积累抗风险能力，多回馈共过命的员工和亲朋好友，然后考虑开分公司或连锁店，或上更多设备。

眼下新冠肺炎疫情肆虐中国和全世界，让很多企业或个体户遇到困境或走向破产。这给我们很大的提示，就是企业在好的时候，不要急着疯狂扩张，不停地开分公司或连锁店，而一旦遇到灾情，资金链很快就断裂，企业倒闭，且最倒霉的都是无辜的员工，特别是和企业一起共过命的员工还没有得到回报，企业一夜之间负债累累！

这时候，企业老板在自责：其实，在我富余的时候，我完全不用开那么多分公司，我完全不用开那么多连锁店。因为开了那么多分公司，钱变得不宽裕，还贷了款，挖了坑。而一旦大环境发生变化，企业遇到风险，两个月都坚持不了，要付房租，要给员工开支，要付水电费，要付贷款利息，很快企业坚持不住了，申请破产。

这时候，老板才发现，对不起与自己一起创业的员工；对不起自己的家人，一起陪伴奉献却没让他们过上好日子；对不起亲朋好友在困难时候的支持；对不起长期支持他的客户。

早知现在，何必当初！

所以，当企业盈利情况非常好的时候，当客户真诚支持的时候，不要想着再开更多店，再开更多分公司。而要先储备好足够多的现金流，以备不时之需。特别是不能挖太大的坑，诸多贷款和房租都是可以直接要企业命的。

再考虑周全一点，先感恩一起共过命的员工，先对得起他们。支持自己的亲戚和朋友，支持自己的家人，都要回馈好他们。这时，还有多余的增量，再考虑开分公司或上更多设备。即使这样，也要确保足够多的现金流倍数。

看看国内企业，再看看国外企业，凡是马上要申请破产的企业全都没有预警信号，都还没有来得及回馈，就一命呜呼了。

泰国旅游客栈和那些船只，在中国游客多的时候，赚得盆满钵满，但却不知道有所储备。中国发生疫情不到两个月，他们就要申请破产，多么痛的领悟啊！

欧洲也是这样，那么多家奢侈品店，中国顾客给他们贡献了多少 GDP，他们却不知道珍惜中国客户的支持，没有中国游客的两个月，他们就都纷纷申请破产，真的对不起中国客户啊！

所以，企业盈利状况足够好时，要多积累抗风险能力，多回馈共过命的员工和亲朋好友，然后考虑开分公司或连锁店，或上更多设备。

第四十八个主张：

主管每天及时肯定工作，所有的员工都不用再干面子活了！

每个公司老板都讨厌员工干面子活！老板在，他就干得非常好；老板不在，他就变成另外一个人了！如果一个公司都是这样的一个状态，老板在和不在两个样，那么这个公司就是"人制"，不是法治。

那么如何才能改变这种局面呢？

其实，有一个最好的办法，那就是让基层主管给员工工作结果及时进行真诚评价和赏识，并给员工累积执行力大厦。员工因为有了执行力大厦，他的精力就全在执行力大厦上了，他只顾爬台阶了，他根本没有时间顾及领导或老板在和不在了。

因为最终评价标准是大厦台阶多少和大厦数量，大厦就是绩效，大厦就是执行力！这样的一个机制，完全可以把这个干面子活的事都改过来了。

所以，主管每天及时肯定工作，所有的员工都不用再干面子活了！

其实，干面子活，员工从心眼里也不愿意这样做。因为总

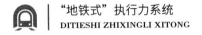
得关注着领导什么时候来，什么时候走，心很累的！

而不这样做，不会表现自己，什么时候能提升，什么时候能涨工资，都遥遥无期啊！总体来说，干面子活是公司机制造成的。

所以，主管每天及时肯定工作，并累积执行力大厦、绩效大厦，所有的员工都不用再干面子活了！员工和领导都轻松了。

第四十九个主张：

主管评价的深度，决定了员工工作细节的细致程度。

细节决定成败，是汪中求老师的卓越观点，现在已经被管理界大部分人所接受。某种意义上，它已经是一个时代里程碑式的观点，特别是在各级领导讲话中出现频率较高的名词。领导不仅有高度，还重视细节，这样要求员工，才能使一件事情操作更到位。

一个优秀的人既要学会抬头看路，又要学会低头拉车。既要练看路的功，又要练拉车的功。

这里看路，就是指战略，在这里我们不展开。

今天我们重点分析拉车功，即细节。把细节操作好的程度，更细的程度。

细节决定成败，让所有人都知道，把工作做得更细一点、更稳妥，品质更高。人们都接受了这个观点，都想做得更细一点、更好一点。

但现实是一般企业都做不到。如果细致程度分为五个等级，一般企业只能做到一级到二级程度就不错了。

而能做到三层程度的少之又少。一旦做到了三层程度，在社会上口碑已经很好了。像海尔、华为、阿里等明星企业，它们之所以是明星企业，是因为在战略正确的情况下，细节深度已经达到了三层甚至四层。

比如，海尔厂房玻璃上贴着操作者和检查者的名字，一般公司很难做到这么细。

再如，华为公司办公室走廊里消防栓内的卫生，都能做得一尘不染。这就是细节的深度。

工作固然越细越好，但为什么大部分企业做不来呢？为什么只停留在一层到二层程度呢？难道它们不想做一个品牌公司吗？让大家有口皆碑吗？

想，非常想，但为什么普遍做不到呢？

其中有一个最重要的原因就是，没有一个理由让一个员工把细节做得更细。

换言之，员工做细了也没什么好处，做得不细也没什么坏处，我干什么要做那么好呢！我干什么要做那么细呢！做细多累啊！

也就是没有做细的机制，这是根本原因。

所以，我的主张是，主管五级评价深度，决定了员工工作细致深度。

员工做到第一层深度，主管就有对第一层深度的评价，点赞！

员工做到第二层深度，主管就有对第二层深度的评价，点赞赞！

员工做到第三层深度，主管就有对第三层深度的评价，点赞赞赞！

员工做到第四层深度，主管就有对第四层深度的评价，点赞赞赞赞！

员工做到第五层深度，主管就有对第五层深度的评价，点赞赞赞赞赞！

如果主管有这么深度的评价，员工还不愿意把细节做好吗？不愿意把细节做得更细吗？

第五十个主张：

主管的评价强度，决定了员工强大的速度。

主管的评价强度，决定了员工强大的速度。

领导力其中一个观点说过：让他人强大，自己就更强大。

看来，让别人强大，自己才能更强大，已经成为更时尚的观点了！

那么员工如何强大呢？

员工的强大，体现在把事情做好的程度上！事情做好的程度，就是员工优秀的程度！

事情做好的程度，就是完美程度，从某种意义上就是细节到位程度。

上一节我们刚分享过，主管的评价深度，决定了员工工作细致程度。

所以，我们今天马上就可以得出结论：

主管的评价强度，同样决定了员工强大的速度。

员工做到第一层强度，主管就有对第一层强度的评价，点赞！

员工做到第二层强度，主管就有对第二层强度的评价，点赞赞！

员工做到第三层强度，主管就有对第三层强度的评价，点赞赞赞！

员工做到第四层强度，主管就有对第四层强度的评价，点赞赞赞赞！

员工做到第五层强度，主管就有对第五层强度的评价，点赞赞赞赞赞！

如果主管有这么高强度的评价，员工强大的速度能不更快吗？

第五十一个主张：

企业文化要有一个内核！这个内核就是文化的根。在内核上开出五颜六色的花朵，企业才能焕发勃勃生机。

很多人都说文化是虚的，和业务关系联系不大！说起核心价值观，其实看不见，摸不着，挂在墙上，风一刮，飘了！没了！

还有人说，一流企业卖文化！真正优秀的公司，是其企业文化支持公司走得更远！

事实说明，文化和业务关系的虚实结合，是一件比较难的事，处理不好，就出现两张皮现象。

我的主张是，企业文化核心价值观直接与业务和员工行为直接挂钩，企业文化内核直接栽种到业务和员工行为习惯中，让文化生根，然后开出五颜六色的花朵。

这样说，大家感觉可能有些抽象。

比如，进步阶梯和大厦就是企业最核心的价值观，员工的每一点进步都用阶梯和大厦表达清楚，阶梯就是执行力，大厦就是绩效，企业文化的根就扎根在阶梯里、大厦里。

那么如何开出花朵呢？

就是员工好的执行力，需要重复的执行力，要形成习惯，习惯累积成各种好习惯大厦，百花齐放，百家争鸣，从而开出五颜六色的花朵！

这样一来，企业文化的灵魂全部融入业务中、行为里、习惯中。这样的企业文化，既看得见，又摸得着，软的和硬的、虚的和实的，巧妙结合在一起了。

即使是规模不大的企业，企业文化特点照样比较突出。

所以，企业文化要有一个内核！这个内核就是文化的根。在内核上开出五颜六色的花朵，企业才能勃勃生机。

第五十二个主张：

企业应该赋予员工生活和生命意义的主要内涵，因为员工每天的 8 小时时间都给了企业。

员工每天 8 小时都在上班，再减去上下班路上平均 2~3 个小时，一天 10~11 个小时就没了，再减去 8 个小时睡觉时间，属于员工自己的时间只有 4~5 小时了。

一个人一生 3 万多天，可能有两万多天都在工作。绝大部分喜怒哀乐都在办公室了。如果公司不赋予员工生命和生活的意义，那么员工这一辈子活得太单调了，基本上就是除了工作就是工作了。

而员工的工作性质其实又很简单，工作内容从不会到会，从不熟悉到熟悉，从不熟练到熟练，熟练以后就是简单重复。

很多公司也认识到这一点了，也想把公司弄得热闹一点、气氛活跃一些。早晨带领员工做做操、跳跳舞，这样的公司已经算不错了。

大部分的公司还都是死气沉沉的。每天除了绩效就是绩效，除了要结果，就是提高执行力。有了绩效，有了结果，也没什么说法。

所以，从这样的一个现状来看员工这一辈子，还是挺单调的。

那么企业如何让员工生命和生活更有意义呢？

我的主张就是在员工单调的工作内容上挖出丰富多彩的故事来。

那么怎么挖出生动的故事呢？

我们按照以下的这样操作，或许给大家带来一些启发！

员工工作从不会到会，这是巨大进步啊！进步就要有阶梯啊！

阶梯累积起来就是大厦啊！有阶梯有大厦，就是庆贺的理由啊！

员工工作从不熟悉到熟悉，这也是巨大进步啊！进步就要有阶梯啊！

阶梯累积起来就是大厦啊！有阶梯有大厦，就是庆贺的理由啊！

员工工作从不熟练到熟练，这也是巨大进步啊！进步就要有阶梯啊！

阶梯累积起来就是大厦啊！有阶梯有大厦，就是庆贺的理由啊！

员工工作简单重复，坚持做好的天数这也是巨大进步啊！进步就要有阶梯啊！阶梯累积起来就是大厦啊！有阶梯有大厦，就是庆贺的理由啊！

这就是应该赋予企业的使命和职能，这里大有潜力可挖！

如果大家用心体会，就能悟出上面案例的内涵和灵魂！

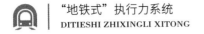
这是一个企业文化内核的核心啊！按着这个理念，企业文化可以开出无数花朵，企业就会勃勃生机！

员工的工作动力、团队的凝聚力、公司的绩效、公司的目标、公司的战略落地，都可以从这里挖出来，可谓水到渠成！

最重要的是，员工一生中的主要时间，生命的意义和生活的意义，都在这里找到了答案啊！

第五十三个主张：

用时间和精力见证员工的进步阶梯，
要比组织召开很多会议更有生产力！

很多公司看见公司没有生产力了，就组织中层召开动员会议！中层回到本部门再继续召开动员会议！

很多公司看见员工动力不足了，就组织中层召开动员会议！中层回到本部门再继续召开动员会议！

很多公司看见员工执行力不高了，就组织中层召开动员会议！中层回到本部门再继续召开动员会议！

很多公司看见员工无作为了，就组织中层召开动员会议！中层回到本部门再继续召开动员会议！

很多公司看见员工绩效不理想了，就组织中层召开动员会议！中层回到本部门再继续召开动员会议！

很多公司看见员工没有正能量了，就组织中层召开动员会议！中层回到本部门再继续召开动员会议！

很多公司看见员工没有凝聚力了，就组织中层召开动员会议！中层回到本部门再继续召开动员会议！

很多公司看见员工没有团队精神了，就组织中层召开动员会议中层回到本部门再继续召开动员会议！

很多公司看见员工……，就组织中层召开会议！中层回到本部门再继续召开动员会议！

这是公司运作常规机制，这是公司保持正常运营的必要手段。几十年甚至几百年来，公司一直沿用此行政机制。

其实，企业管理实践这么久了，可以考虑升级了，因为找到更好的方法了！

什么方法会更有效，可以颠覆几百年来的管理习惯呢？

这个方法就是，中层多花精力、花工夫认认真真、诚心诚意见证员工的进步阶梯，并给员工的执行和工作绩效累积丰富多彩的执行力大厦。

只要中层对员工的工作结果和进步情况看在眼里，放在心上，表达在口中并且沉淀在阶梯中、大厦里……员工心里是很温暖的；员工的心情是激动的；员工的情怀是感恩的；员工的动力是十足的；员工的干劲是疯狂的；员工的表现是正能量的；员工的态度是谦虚的；员工的……

只要公司想要员工表现的，基本上该有的都有了！

这样的一个排列组合对比，我想大家会一目了然了吧？

真正的动力发动机源泉原来在中层认认真真、诚心诚意地对员工工作结果的评价里呢！

所以，用时间和精力见证员工的进步阶梯，要比组织召开很多会议更有生产力！

第五十四个主张：

执行力、学习力、凝聚力、绩效、结果、管人、管事、进步、文化、沟通、时间管理、领导力、能力、人品、人格魅力、素质、坚持、态度、正能量、格局、胸怀等与管理有关系的相关术语，其实可以通过一个核心机制逐步有序驱动到位。

那么这个机制是什么呢？为什么这么多关键术语、关键指标可以通过一个机制都会逐步有序实现到位呢？

这个机制就是进步阶梯机制。大道至简，看似神乎其神的互不相关的术语，其实是可以用一个很简单的道理就可以逐步有序实现。

执行力就是爬台阶，是进步阶梯的最直接体现。"天行健，君子以自强不息。"不断上升台阶，就是自强不息，且是较精确的自强不息。

要提高执行力，爬台阶，必须具备学习力，学习进步程度也可以用进步阶梯来体现。

整个公司、整个团队，共同遵循进步阶梯机制，坚持每一个好习惯，你会发现，团队气场凝心聚气，凝聚力会越来越好。

有执行力、学习力、凝聚力，公司绩效、团队绩效肯定好，这个团队是一个能得到结果的团队，这个公司是一个结果

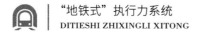
好的公司。

按照进步阶梯理念，管人就是在管事，管事就是在管人。每个台阶都是具体的事，上台阶多的人，必然是优秀的人。上台阶的多少，证明了人优秀的程度。

每上升一个台阶，就是一种进步！

台阶本身就是企业文化，台阶累积成的大厦也是一种重要文化。

基于团队每个成员的沟通都是各阶梯具体事情的沟通，相互之间很容易找到共同语言。沟通至简，效率更高。

有序爬阶梯，就是重要紧急的事有序排列，整个过程就是最好的时间管理。

对员工进步阶梯的及时真诚评价就是最核心的领导力体现。

强烈的企图心、真实的数据、谦虚的为人态度、助人为乐的精神等也可以累积成人品大厦。

能力、好习惯、好的人品，全部累积起来形成的大厦就是人格魅力。

以上综合内容表现大厦群就是人的整体素质大厦。

这样的综合素质体现的就是一种坚持精神。

这种坚持精神就是最好的态度。

以上综合表现就是最好的正能量。

"欲穷千里目，更上一层楼"，格局和胸怀就会水到渠成有序提高。

所以，阶梯机制是一个龙骨机制，它可以将一个企业所需要的管理要素逐步有序驱动到位。

第五十五个主张：

> 如果一个员工能做到"战战兢兢，如履薄冰"，那么他离成功就不远了。如果一个企业能做到"战战兢兢，如履薄冰"，那么它离成功也不远了。如果一个管理模式能够让企业和员工都能做到"战战兢兢，如履薄冰"，那么这个管理模式离成功也就不远了。

华为公司真正的伟大之处在哪里？就在于华为公司一直"战战兢兢，如履薄冰"的忧患意识让企业活下来。

华为公司员工优秀在哪里？他们也是懂得只有"战战兢兢，如履薄冰"才能活下来的哲理。

而如果一个管理模式能让公司和员工都懂得并且做到"战战兢兢，如履薄冰"，那么这个管理模式离成功也就不远了。

尤其在现在瞬息万变、跨界打劫频繁的社会里，企业生存非常艰难，企业今天有，明天就没有了。

眼下新冠肺炎疫情肆虐，封城、封国、全世界隔离，多少个公司因为房租、因为贷款还不上，就这样破产了，消失掉了。

而企业的命运，直接关系到员工的命运。企业破产了，员工同样失去了赖以为生的饭碗。

而员工现在找工作越来越难，职位越来越少了。因为科技的进步，因为人工智能的替代、机器人的替代，大部分工作都被替代掉了。所以，企业惨，员工更惨。

如果一个企业还能生存，还有客户购买公司产品或服务，要格外珍惜来之不易。"战战兢兢，如履薄冰"的忧患意识一定要常存。特别在经营状况好的时候，要多储备几倍的现金流，防止外部环境突然变化后巨大风险。

员工也是一样，现在能有一份工作，已经实属不易，一定要珍惜，同时要保持"战战兢兢，如履薄冰"的忧患意识。防止今天有工作，明天就不知道在哪儿上班了。

而光是有这个忧患意识还不行，要落实到实际行动中。

那么如何让所有员工都统一步调一起"战战兢兢，如履薄冰"呢？

让员工每天都要有进步阶梯，主管每天都要对员工的进步进行见证点赞。大家齐心协力，一步一个脚印，"战战兢兢，如履薄冰"，那么员工就会生于忧患，否则就会死于安乐。

如果所有员工都做到了"战战兢兢，如履薄冰"，那么企业因此而复活了。

能够给员工"战战兢兢，如履薄冰"持续忧患意识的管理模式叫"地铁式"执行力系统。

PART 3

第三部分

解码优秀智慧

1.汇报工作说结果

不要告诉老板你的工作过程多艰辛，你多么不容易。举重若轻的人老板最喜欢。一定要把结果给老板，结果思维是第一思维。

【分析】

的确，结果思维是第一思维。但这样说，无非是强调汇报工作一定要说结果，说明结果很重要。其实，如果按照进步阶梯理念来讲，就不用一直强调结果的重要性了。因为驱动的是进步阶梯，进步阶梯的最重要表现是完成工作的结果比以前上了一个台阶，汇报的重点在于比以前进步了，而不仅仅是要汇报结果。如果只强调汇报结果，那么说明工作的到位程度还处于"社会主义初级阶段"。

【解决方案】

部门经理组织全部门员工，每个员工当着自己的主管，把

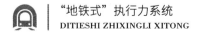
自己的每条工作职责描述成进步阶梯，每一层进步阶梯都是由工作结果构成的。员工在完成每一层进步阶梯的工作结果，其主管要及时进行承认和赏识，让员工有成就感、有荣誉、有激情，更愿意把工作做得更好！用以一个进步阶梯为主旋律驱动的员工，大脑不仅仅是结果，他们练就的是每次的结果都有进步，这种进步的结果带来的是员工能力的潜力得到有效的开发。这也是一个公司对员工以人为本而进行的人力资源的有效开发过程。

举重若轻倒是一个功夫，是一种能力，这个也可以放入进步阶梯里进行驱动。让举重若轻的水平不断提高。如果不单独训练和驱动，只是简单强调一下，员工是没有时间来练就这个功夫的。如果员工没有时间做，那么这句话也只是提提而已，落不到实处的。

2. 请示工作说方案

不要让老板做问答题，而是要让老板做选择题。请示工作至少给老板两个方案，并表达自己的看法。

让老板做选择题已经是大家公认的好方法了，老板做决策变得简单了，占用精力少了，员工也得到了更好的锻炼。但就是这样一个共识的请示工作的好方法，又有多少公司、多少员工认真去做了呢？寥寥无几，原因在哪儿呢？因为没有系统的驱动训练。

【解决方案】

让员工把自己的所有职责范围内的工作都盘点一遍，把需要请示的环节都找出来，然后试着制定方案。每一个点大概能有哪些思路的方案。每一次的方案如果要体现进步，在哪些点上能体现进步呢？多训练几次，员工的请示水平就会得到大幅提升。这样才是最务实的方法，是落地的方法、接地气的方法。

讲到这里，有些人会说，每样都这样训练，哪有那么多时间和精力啊？其实如果按照以进步阶梯为主旋律驱动的系统方法来操作，公司的效率会提升几倍，到时剩余时间会很丰富，剩下的时间就做这些事，这样一来，"重要的事"就都不会变成"紧急的事"了。而事实上，每个公司都不知道有这样一个系统性的方法，所以他们主要的事情做完了，就不知道下一步该做什么了，都在闲着。而公司突然有业务了，大家再一次忙起来了，就这里出问题，那里出问题的。重要不紧急的事，就都变成既"重要"又"紧急"了。

我曾经诊断访谈了一个房地产公司，他们的公司文化有一点就很不好（当然，他们自己可能认为比较好，比较敬业），员工不管在干什么，只要在公司待着，哪怕打游戏，都算敬业。而他们每天都在熬时间，看老板什么时间走，老板一走，他们就马上收拾东西，立马就撤！我问，老板知道这种实际情况吗？他说："老板心里清楚得很。但没办法，长时间形成了这种文化风气，改不了了，每天看谁走得晚，老板就对谁印象好，哪怕没有做出什么业绩。没功劳，有苦劳，忠诚！"

如果有那么多大把的时间，驱动一下提方案的水平，驱动一下举重若轻的技术和汇报方法，公司的比和拼的劲头马上就上来了，这就会变成了一个新的价值观导向了。下属得到了锻炼，上级主管也会感觉带队伍更轻松了，这样何乐而不为呢！

3. 总结工作说流程

做工作总结要描述工作流程，不只是先后顺序，逻辑清楚，还要找出流程中的关键点、失误点、反思点。

【管理解码】

这句话的前半句我不赞成，后半句我赞成。工作流程不是在总结时描述，是在工作之前给主管描述进步阶梯时要讲的，而总结时重点要说清楚哪里进步了，哪里没进步，下一步要如何才能进步，这才是驱动进步阶梯要做的。总结内容可以不用太多，也不必要大做特做文章。但是，就关键点、失误点，还有反思的地方，都要围绕着是否能进步而展开，这样的总结意义会更大。否则为了写总结而写总结，意义不大了，投入的管理成本也不值。

4. 布置工作说标准

工作有布置就有考核，考核就要建立工作标准，否则下属不知道如何做，做到什么程度才最合适。标准不但确立了规范，又划定了工作边界。

【管理解码】

这句话我赞成，是要界定标准。但这个标准，还只是工作标准，按照以进步阶梯为主旋律的理念要求，这个标准还包括员工执行力标准，针对工作标准完成的结果的是什么样水平的结果，进步阶梯记录。留存一个完整的员工执行力记录档案，对一个员工有一个精确的说法，日后业绩考核和职位晋升有了翔实的记录依据。

如果没有这些记录，每一位员工好坏的判断，优秀与否的判断都比较模糊了。日后评优秀员工还是晋升都觉得证据不足。

而有执行力详细记载，哪条职责，进步到第几阶梯，几个达到了五段，几个达到了四段，几个达到了三段，一目了然，能力和优缺点显而易见。除了业绩之外，评价员工优秀与否更可靠的标准又多了一个执行力段位记录。

5. 关心下属问过程

关心下属要注意聆听他们的问题，让其阐述越详细越好。关心下属就是关心细节，明确让下属感动的点和面。

【管理解码】

这句话在原有基础上已经有进步了，关心下属的重点已经明确了。但实际上，按照以进步阶梯为驱动主旋律的方法，员工在其主管面前陈述进步阶梯时，就要把完成这项任务可能出现的困难都讲出来，让主管领导和同事都有所了解，工作完成后"功劳"和"苦劳"要有公司的态度。有功要赏识，有苦劳也要赏识，并提出进步阶梯的期望，除了有"苦劳"外，下次还要有"功劳"。

而作为主管关心下属的工作也要纳入主管进步阶梯的范畴。主管关心下属的进步水平要在经理的面前描述清楚，主管进步了，经理也要及时承认和赏识。这是一套完整的进步阶梯方案，是一套细致的领导继任系统，是一套较完美的激励机制系统，关心下属就是关心细节，这个细节就是员工具体进步阶梯，员工每上一个台阶，主管及时地进行点赞，就是下属员工的感动点和感动面，把握好这个赏识机制，关心下属这一目标就会有序地做到位，做到极致。

从这一点说，"地铁式"执行力系统，驱动进步阶梯，就是最好的驱动主管关心下属的方法，也是最有效的方法。

6. 交接工作讲道德

把工作中形成的经验教训毫无保留地交接给继任者，把完成的与未完成的工作分类逐一交接，不要设置障碍，使其迅速进入工作角色。

【管理解码】

这句话的出发点非常好，但是使广大员工遵守道德，交接工作时把经验教训毫不保留地交给继任者，是很难做到的。因为只靠员工的素质、道德品质来完成而没有监督者进行有针对性的工作交接监督，非常难做到。

做不到的原因有三个：

第一，出发点就不想交接那么多。特别是离职人员，他可能已经跟这家公司形成了敌对，没有强制性要求，他绝对不会尽职尽责地把所有经验教训都交出来的。

第二，他工作年限越长，交接到位的可能性越小。因为时间越长，不用说监督者或其他人，就连他自己有多少经验教训他都记不清楚了。这时候你指望他把形成的经验教训毫不保留地交接给继任者，简直是一句空话，是根本不可能做到的，只能是一个美好愿望而已。

第三，如果这个人未离职，他的经验教训传给后继者越多，后面的人成长得越快，那么他就越受到"威胁"，即"教会徒弟，饿死师傅"的思想，在很大程度上都在每个员工潜意识里长久存在的。这样一个潜意识存在，它也会促使一个员工交接工作时，交得差不多就行了，反正也没有标准：要交多少，更没有监督者，也没有相应的激励机制，我干什么要交那么多啊？况且在这个岗位上的工作已经结束了，多一事，不如少一事，交接越多，越累啊！经过这样分析，想做到"毫不保留"地交接给继任者，是根本不可能的事情，只是写作者的美好愿望而已。

原因分析是这样，实际情况是怎样呢？

我想我不说，自己是否是毫无保留地交接给继任者了？"毫无保留"的程度有多大？每个职业经理人、每个员工都很清楚。我之所以问这样精确的问题，是因为我一直在监测着这些"管理要求"被执行的程度。

【管理解码】

监测的感受是，很多好的管理理念或创新理念都是一些职业经理在职时讲给老板听和讲给同事听的美好说辞。实际上这些说法，包括他本人在内，他都知道实际上根本执行不了，只是说说而已，反正老板也不会"动真格"的，或者老板根本就

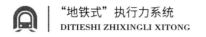
不知道怎么监测这些好的想法让它们真正落地。

直截了当地说，我所监测的这些企业交接时，做到毫无保留的程度，都不到10%。我调研过的一家企业，在一年内，总共有28个中层经理先后离职，这家企业总共才有员工150多人。每任经理离职的周期一般都在三个月左右，后来我清理离职人员的交接记录时，发现他们只是把上一任的基本资料属于公司所有的都交出来了，而属于自己的经验和教训的基本是零。

"毫无保留地交接给继任者"到底对企业有多大价值呢？我可以直截了当地回答这个问题。如果这一条做得好，那么一个企业，可能小学只上3年就毕业了，而如果这件事情做得不到位，可能一个企业10年小学都不会毕业。

我们经常听到这样一个声音：一个企业都存在30多年了，刚来了一个学设备的大学生，他的工作计划写的是要探讨设备如何管理才算好，要把设备部门的管理制度建立起来。这说明什么？说明前30多年设备管理经验经过无数人交接，经验和教训基本是零，"多么痛的领悟啊"！

也就是说，我们现在的企业沉淀的经验教训太少了，属于企业应该沉淀的东西太少了，职业经理人都是短期行为，都没有把企业当成自己"永久的家"。每个人都是流水，企业也成了每个人的流水，沉下来的石头太少了。原因也是出在交接工作没有"毫无保留"的四个字上。而这件事情要做得到位，就要从源头抓起。

推行"地铁式"执行力系统以驱动进步阶梯为主旋律的执

行力推动模式，实现这样一个"毫无保留"的理想境界却是一件轻而易举的事。

员工在做事之前就跟其主管讲清楚要爬的阶梯有多难，一旦爬上这个阶梯，其主管要进行赏识。而这个过程无论是工作结果，功劳和苦劳及主管的赏识，都要有翔实的记录。特别是员工的执行力段位记录，都作为执行力记录进入执行力档案，还有在总结爬阶梯时的关键点、领悟点及反思等经验教训，都作为执行力记录，载入史册。

这样一来，交接工作的使命是"毫无保留"地交接，已经不需要依赖个人的道德了，而是用企业的规则"毫无保留"地记入企业档案了。否则，即使这个人毫无保留了，下一任也不定能毫无保留了，到最后，工作还是没做到位。

现在我们是用"地铁式"执行力系统理念推动以进步阶梯为主旋律的推动方式，替代了依赖道德而做不到位的"毫无保留"。

7. 回忆工作说感受

交流多说自己工作中的感悟，包括哪些是学的、哪些是悟到的、哪些是反思的、哪些是努力的。

【管理解码】

这一条，在"地铁式"执行力系统驱动以进步阶梯为主旋律的过程中，有程序安排。就是在爬上阶梯后，在领导承认和赏识的时候，专门给机会回忆感受，精彩片段直接进入公司企业文化宣传册中。这些精彩片段包括工作中的感悟，包括哪些是学到的、哪些是悟到的、哪些是反思的、哪些是努力的。

如果不用这样一个固定的程序安排，标准出口，只是仅仅提到而已。那么，在各个领导百忙之中，这件事不知道在什么时候才能提上"议事日程"，久而久之就不了了之。

而如果驱动"地铁式"执行力系统，每天固定驱动承认赏识系统，各级主管在赏识员工上每一个台阶的时候，都认真倾听员工回忆工作时的感悟细节，一般通过每位员工的感悟深度，就能判断一个员工的进步潜力情况。

更进一步驱动，把感悟分为以下几个方面：哪些是学到的，哪些是自己悟到的，哪些是自己反思后感悟到的，哪些是纯努力实现的。

通过这样有序安排工作，管理者提到的管理要求，才能在驱动机制下保证每项要求被执行到位。

从这个角度来说，"地铁式"执行力系统直接能够保证员工交流质量，在回忆工作时，工作中的感悟：感悟中哪些是学到的，哪些是悟到的，哪些是反思后感悟到的，哪些是纯努力感悟到的。分得一清二楚，并记录在员工档案中，如果在员工晋升或离职时，这些都可以作为交接记录，"毫无保留"地交接给下一任。

8. 领导工作别瞎忙

比尔·盖茨说过，一个领袖如果每天很忙，就证明一件事，能力不足。如果作为领导者的你很忙，不访问自己四个问题：

（1）我在忙什么？

（2）我忙的事情有多大价值？

（3）我做的事情别人会不会做？

（4）我为什么会这么忙？

不管什么原因，如果此刻你很忙，请你真实地面对自己，该停一停，给自己充充电！

【管理解码】

"地铁式"执行力系统，就是为了解放"一把手"，战略落地，文化生根，解放总经理工程。而且解放的不只是总经理，它是有序解放各级管理干部，在解放的过程中，还实现了广大员工的成就感工程、荣誉感工程，实现了中国和谐社会在企业里的落地，福祉归根。

为什么这么说呢？

驱动以进步阶梯为主旋律的执行力推动模式，推动的是各级员工潜力开发工程。每个部门每个员工的执行力发挥到极致，随之工作效率也被有序地开发到极致。工作剩余时间将比较富余，利用富余的时间继续驱动各级干部的分解工作，全部纳入执行力段位驱动模型、执行力档案记录。于是，领导要忙的事全部下沉分解到各个部门各个员工身上。领导解放，员工有成就感、荣誉感！这样一来，工作到位程度会更加到位、更加落地、更加接地气。

而文中提到的真实地面对自己，实际上就是用驱动进步阶梯的形式来真实地面对自己，给自己充充电。充电是一方面，关键是要有一个机制把领导解放出来。他之所以忙，是因为一直没找到一个好的解放自己的有效办法。

所以，不放心，一直在忙。而有了"地铁式"执行力系统的主节奏推动执行力的方法，一个领导就可以不必忙了。他需要花更多的时间看各级管理干部进步阶梯的成果，让各级干部都有成就感，这才是领导应该花的必需的精力和时间，这是控制公司主文化主核心价值观的核心。

PART 4

第四部分

解码精彩文章

《要照顾好你的老板》

当你骂骂咧咧走出公司的时候，你有没有想过你的老板还在公司办公室看着报表；当你放声在 KTV 里高歌的时候，你有没有想过你的老板还在陪着客户花钱买醉换订单；当你回家睡在温暖的被窝里时，你的老板还奔波在筹集资金的路上！

【问题分析】

首先，员工为什么骂骂咧咧走出公司？因为员工付出努力后没有任何信息反馈！他做得对与错、好与坏，没有反馈！他自己也不知道他在公司到底是一个什么样的形象！在这种情况下，他就会有很多猜测，在得不到正面回答的情况下，就有可能对公司产生"恨"！故而"骂骂咧咧"走出公司就不会是一件偶然的事。

【问题解答】

其实员工完全可以高高兴兴地、怀着感恩的心走出公司，完全可以不用骂骂咧咧走出公司。这完全取决于公司的组织行为如何对待每一个员工。如果组织很好地呵护和赏识一个员工，那么他不会每天找公司的"碴儿"。所以，出现以上情况，

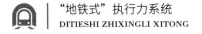
完全是因为组织功能没有发挥造成的。当然，你可以说这个员工品行天生就坏，因为其他员工怎么没这样呢？但即使是这种情况，通过组织功能赏识教育的发挥，也可以让这样的员工不至于"骂骂咧咧地走出公司"。

【问题解决】

驱动以进步阶梯为主旋律的"地铁式"执行力系统，就是组织呵护员工的最好的功能发挥。因为员工只做自己选择的和自己承诺的事。驱动以进步阶梯为主旋律的"地铁式"执行力系统，首先是给员工自己描述进步阶梯的机会，员工根据职责要求和流程要求自己设计好工作进步的阶梯，包括时间节点和工作质量及工作结果。在员工每登上一步阶梯，其主管都需要及时肯定和赏识。然后在员工执行力大厦驱动模型上标注一个进步阶梯，从第几层到第几层，员工得到赏识的方式也同时写进员工执行力档案。从此，该员工既得到了主管的肯定，又得到了公司的认可，自己找到了尊严，脸上写着荣誉，自身价值得到了体现。现在问大家，这名员工还会骂骂咧咧地走出公司大门吗？回答显然是否定的，他不仅不会骂公司，他还会逢人便讲，这家公司真好，他为这家公司供职，不仅体现了自身价值，还有荣誉感、成就感！

如果每个人都这样去做，那么这家公司的信誉和品牌张力及软实力，将很快得到社会的认可和追捧！其结果是客户都愿意买这家公司的产品，打工者都愿意为这样的公司效劳，那么这家公司的绩效和名声很快就会成为该行业具有综合核心竞争能力的企业！

而一旦实现了这样的局面，老板在员工下班后看报表，他的心情也是非常舒畅的！大家说对不对？而员工因为业绩突出，在量贩 KTV 厅放声歌唱，老板也会支持员工的！因为公司业绩好，老板也再不用陪醉去埋单了，所有的营销工作都由营销部员工去做了。因为公司业绩好，现金流充裕，老板也不用再去筹资了！这是一个良性循环！而这个循环的开始就是通过组织员工对进步阶梯的设计并及时赏识，而使员工有成就感、荣誉感开始的。

【原文摘录】

不要嫌弃工资少，老板给了你舞台，给了你展示自己能力的机会。但是你没有让自己充分发挥潜能，没有为公司谋取更好的利益，老板亏损了他还会给你高薪吗？

【问题分析】

员工在不知道自己工作到底做得怎么样的时候，他只能与比他工资高的员工比较，只能与自己日益增长的消费需求比较，肯定觉得自己的工资少。虽然老板给了舞台，但这个舞台大部分员工是不知道怎么发挥的。只有20%的员工知道如何发挥，并且很快成了这个公司的红人，他们的工资肯定不会很低。关键是剩余80%的员工，光是给他们舞台，他们也发挥了，但很难进入老板的法眼。

【问题解决】

那么这些员工的心灵怎么呵护，怎么才能发挥他们的潜能呢？这就需要驱动以进步阶梯为主旋律的"地铁式"执行力系统，给这些员工建立适合他们自己岗位的执行力大厦驱动模型。如果员工在登上每一个台阶的时候，都能及时地得到了其主管的肯定和赏识，那么他必然被激起高昂的斗志，不断地挑战新的更高的阶梯。在挑战的过程中，他就不断地突破了自己，那么他的潜能就被充分地开发出来了。当他的潜能被开发出来时，他的绩效也会非常突出，公司的业绩肯定也会好的，那么根据他的出色的表现，公司肯定会适当地给他提高薪水！

所以，出现上述大家不愿意看到的现象，如果公司老板及员工都互相报怨，那么最终会造成双输的结局。主要原因就是在嫌工资少和充分发挥潜能之间没有一个有效的开发机制，导致企业亏损，员工嫌工资低的局面。

　　许多人，当吩咐他（她）去做一件事情的时候，不但要回嘴讲理由，还要先讨价还价，从不做对自己没有利益的事情。可是，有没有想过为什么老板要你去做这件事情？因为老板发了你工资，在上班的 8 小时时间内你就该听他的。老板没要求你做有损人格的事、违法乱纪的事，你凭什么不做？

【问题分析】

　　因为同样一件事情或工作，可以安排这个人做，也可以安排另一个人做，但好说话的人都发现，自己很听话地接受了"指令"，下次领导有事了还吩咐他做，而真正轮到有好处的时候，却与他这个"好人"没关系了。基于多次这样的结果，领导再安排事情，就会出现讲理由，讨价还价的情况了，因为这是人的正常反应。老板是发给他工资了，但也发给别人工资了，还给其他员工发奖金了，而没发给这个员工，有工作却让这名员工做，只是因为他比别的员工更"听话"。久而久之，领导吩咐下属做事情，就没有人愿意做了，而这些工作大部分是职责中的工作，分给哪个部门做都可以的。

【问题解决】

因为没有设计进步阶梯机制，总要吩咐员工去做事，其实根本就不需要吩咐做什么，是员工自己要做事，这就需要设计好进步阶梯，并做好了有主管进行赏识。这次员工因赏识而得到了成就感和荣誉感，下次员工还会抢着去干。因为干完了有一个明确的说法，自己的执行力大厦驱动模型会记上优秀的一笔。

请照顾好你的老板！

其实，企业的组织先"照顾"好员工，员工自然会照顾好老板。组织的"照看"，不仅体现在每月发点工资，更应该"照看"好员工的"心灵"，那颗干渴的"心灵"，用组织的方法照看好他，那么感恩的员工剩余的全部心思就是回馈企业和回馈老板了，你想不让他照看好老板都很难！

是谁让你每天有一个固定的去处？是谁让你有展示自己能力和才华的机会？是谁让你衣食无忧地活着？不是你的父母，不是你的朋友，不是你的亲人，而是你的老板。因为你对公司有所付出，公司给予你应有的回报，让你有了养家糊口的能力！

【问题分析】

说得没错，是公司给予了员工固定的去处，让员工有了展示自己能力和才华的机会，让员工有了养家糊口的能力。但这些都是初级的。组织除了要给员工这些之外，还要给员工成就感、荣誉感，以及完整的执行力档案。让员工在此公司有养家糊口的能力同时，员工让企业有了大发展，让企业为社会做出了贡献，让企业完成了帮助员工就业的责任，完成了企业的使命。

所以，这种感恩是互相依存的，企业也要感恩员工为企业带来了发展，为企业创造了价值，为老板发展了事业，让老板实现了人生梦想！

而从这个意义上来说，打工赚钱，即使是天经地义的，自古以来都这么讲。但是到今天，我们可以提高一个层面，提高一个境界，员工供职不仅是打工赚钱，养家糊口。除此之外，员工是为了自己的尊严、为了自己的荣誉、为自己的人生追求、为了自己的梦想而打工。

如果企业能从更高的精神层面满足员工的这些精神需求，那么员工因为有成就感、有荣誉，为企业而自豪，那么员工就愿意全身心地投入工作。因为忘我的工作，自己的潜力得到全部释放，自己的能力得到长足发展，这时员工会由衷地感恩企业，感恩老板，天天都想拥抱老板。而领到的奖金变得微不足道了，只是捎带地领点工资而已，那不是工作的全部。这是马斯洛需求理论中的基本需求。

如果是这样一个场面，老板还用天天喊："员工，你得知道感恩，是我让你养家糊口的。"通过以上分析，再这样强调感恩情怀，是不是调子有点太低了！

改革开放这么多年，企业管理至少也发展了40多年，企业的本质意义是不是也该提高一个层次了吧！如果我们能达成共识，我们在这个层面重新为企业下个定义吧！

企业在提供某种产品或服务给社会，得到社会承认和员工养家糊口的同时，企业提供的是让员工有成就感，有荣誉，有追求，有梦想，有归属感的环境，企业因为为员工提供更高层面的精神财富而变得更崇高，老板也因此更伟大。

这样为企业定义是不是更接近企业的本质了？

　　许多人一谈起自己的老板，就开始说："苛刻、小气、要求高、脾气怪、不得人心。"对你不苛刻的是你的父母，对你不小气的是你的男朋友，对你要求不高的是你的爱人，对你脾气好的是你的师长，老板作为发你工资的那个人，你付出了才能对你好，你不想付出只想收获，又怎能对你好？

【问题分析】

　　驱动以进步阶梯为主旋律的"地铁式"执行力系统，员工自己不断地爬上新的阶梯，要远比老板要求的高多了！说老板要求高，其实是自己没有定标准，自己没有看到自己的潜能！员工不是不愿意付出，也不是只想收获，原因在于付出多少是老板希望的，怎么付出是老板希望的，已经付出多少，老板和员工之间没有一致的标准可衡量。

　　所以，每件事都是互相的期望。没有量化的标准可衡量，才导致老板在员工的心中是苛刻、小气、要求高、脾气怪、不得人心！而如果以进步阶梯为衡量标准，员工的表现永远超出老板的期望，老板整天美还来不及，还怎么会苛刻、小气、要求高、脾气怪呢！

【问题解答】

　　其实执行力大厦驱动模型就是关于一名员工入职以后，开展的相关工作做到了什么程度，是好还是坏；好，好到什么程度；坏，坏到了什么程度！一件事情需要坚持，这个人总共坚持了多长时间，总共付出了多少？需要奉献，奉献了多少？需要履行义务，履行了多少？关于这些问题，在执行力大厦驱动模型里都给出了答案。那么员工清楚，老板也清楚，相互之间再也不需要博弈了———老板在想：我给你平台了，你没有展现你的能力和才华！员工在想：我奉献了这么多，为什么还给我那么少的工资！这种双方之间的期盼矛盾减少了，员工踏实工作了，老板也不担心员工偷懒了！

老板是一个怎样的人？老板是睡觉都在想着经营的人。你又是一个什么样的人？你上班的时候开小差了没有？你工作的时间内是否按质按量完成工作内容？当你不认真努力地工作时，你做梦都想老板给你高工资，老板拿什么给你？老板聘用你虽然承担着社会责任，但是你也该承担着工作义务。不是吗？

【问题解答】

老板的确应该是睡觉都想着经营的人，这是由老板的执行力大厦驱动模型决定的。这是老板尽职尽责在执行力大厦驱动模型上的主要表现。而他其中一部分精力——经营员工的精力，其实可以通过驱动以进步阶梯为主旋律的"地铁式"执行力系统帮他办到，也就是说员工使用进步阶梯就可以解放老板一部分精力，这样，老板就可以腾出一些精力思考经营的事了。而且，老板就可以不用睡觉也想着经营的问题了。

另外，员工都在驱动进步阶梯，都在努力地爬台阶，他要等着他的主管为他点赞呢！如果这样一个驱动状态，那开小差的事基本就不存在了，更不用担心在工作时间内是否按质按量完成工作内容了！因为"地铁式"执行力系统，驱动的是超期望值、超潜力发挥，驱动的是是否进步了！而不仅仅是按质按量完成任务。境界和目标是完全不一样的！

员工也不会做梦都想着高工资，而是由于被驱动得非常优秀，老板想不给他加工资，都觉得对不起员工！而员工都表现得非常优秀，绩效指标都在不断突破，企业效益非常好，老板怎么会没有钱给员工高工资呢？